# 戦後教育のジェンダー秩序

小山静子
Koyama Shizuko

gender

勁草書房

# はじめに

　学生たちに、ほんの十数年前まで、中学校や高等学校の家庭科は女子だけが学んでいたことや、四年制大学よりも短期大学に入学する女子の方が多かったことを話すと、驚かれることがある。あるいは、戦前の大学の講義風景を写した写真になぜ女性がいないのかと真顔で尋ねられたこともあるし、戦前の中等教育機関は男女別学と決まっていて、女子は高等女学校に、男子は中学校にしか行けなかったのだと言うと、これまたびっくりされる。現代の高等学校が、共学校もあれば女子校や男子校もあり、それらの中から進学先を選ぶように、戦前の中学校や高等女学校も選択できたと思い込んでいたらしい。やむを得ないと思いながらも、今の学生たちは、両親や祖父母たちが若かりしころに受けた学校教育の姿を意外と知らない。そしてわたしの目の前にいる学生たちの中には、男女共学であることや女性が大学に行くことはごく当たり前のことであり、短期大学に行くか四年制大学に行くかということは、単なる選択の問題であると考えている者もいる。

　しかし言うまでもないことであるが、単なる選択の問題として存在するほどに、わたしたちは男女平等な社会に生きているわけではない。またもしも当たり前のものとして感じられるとしたら、そこに至る歴史というものを知っておかねばならないように思う。戦前にはありえなかった男女共学や女性の大学進学が、戦後、実現し定着していく際にどのような議論が行われたのか、歴史的に明らかにされねばならないだろう。そしてそこから浮かび上がってくるジェンダーの構造、すなわち、戦前の教育に存在したジェンダーの構造が戦後教育改革を経てどのように変容していくのかという問題が、歴史的に解明されなければならないのではないだろうか。

周知のように、戦前から戦後にかけて、教育制度は劇的に変化した。戦前の教育制度では、男女別学体制が中等教育段階以降において維持されており、「女子向きの教育」と「男子向きの教育」とが、明確に区別されていた。しかもこの男女別学体制とは、単に男女が別々の学校に通い、教育を受けるということだけを意味していたわけではなく、そこには質的な相違があり、それは序列づけられていたのである。

たとえば、男子が通う中学校と女子が通う高等女学校は、ともに中等普通教育機関でありながら、その教育のあり方は大きく異なっていた。そもそも中学校の修業年限が五年であるのに対して、高等女学校は四年ないし五年であり（しかも四年制の高等女学校が五年制のものより多かった）、教育内容も、高等女学校には裁縫・家事に代表される女子用の教科がある代わりに、外国語や数学、理科の授業時間数が中学校に比べると少なく設定されていた。そのため、たとえ同じく五年制の学校であっても、高等女学校の普通教科のレベルは、中学校に比べると一年分ほど低かったといわれている。しかも女子のためには実科高等女学校という裁縫教育に重点化した学校まで存在しており、性による教育の相違は明確に存在していた。

このような性による教育の質的な相違は、当然、高等教育にも及んでおり、女性が高等教育を受ける機会は、男性に比べて大幅に制限されていた。高等学校や大学予科が女子のために制度化されていなかったがゆえに、女性が大学へ入学することは困難であり、女子高等教育機関としては、官立の女子高等師範学校と公私立の女子専門学校が存在するのみである。一九一〇年代、本格的には一九三〇年代以降になると、一部の大学が女性に門戸を開放したが、たとえ門戸を開放しても、東京と広島の文理科大学を除く他の大学では、女性は定員に余裕がある場合に限って入学できるにすぎなかった（湯川 2003）。

そしてこのような性による教育制度の相違は、当然のことながら、男女が期待されている役割の相違と深く関わっている。「男は仕事、女は家事・育児」という性別役割分業観を前提に、単純化していえば、男性は社会に出て立身出世すること、女性は家庭にあって良妻賢母となることが求められており、教育のありようはこのような役割期待の違いを反映していた。

要するに、戦前の教育は、理念的にも制度的にも、男女で明確に異なる二つの教育原理が階層性をともないながら並存し、中等教育段階以降の男女別学や、教育機会や教育内容の男女差が厳然と存在していたのである。いわば教育制度そのものがジェンダー化していたのであり、そういう意味では、戦前日本の教育制度の特徴は、教育上の相違が階級や身分によってではなく、性別によって設定されていたことにあるといっていいのかもしれない。

それに対して、戦後の教育制度はまったく異なっている。一九四七（昭和二二）年に制定された教育基本法は、第三条で教育の機会均等、第五条で男女共学を規定しており、同時に公布された学校教育法によって単線型の学校体系も成立した。その結果、男女共学の学校に通っていようと、男女別学の学校に通っていようと、男女は同一の教育内容を学ぶことが可能となり、女性の大学への進学も制度的に保証されることとなった。それゆえ、戦後教育改革は実に大きな歴史的意義をもっていたということができるし、それによって理念的にも制度的にも教育の原理が一本化し、男女平等な制度が実現したのである。

しかしながら、本論で詳しく述べるように、戦前にあった性別役割のとらえ方や男女観は、戦後社会においても基本的には継承されていくし、むしろ高度経済成長の過程で、性別役割分業が定着していった。ということは、戦後教育においては、新しい男女平等な教育の制度が成立しながら、戦前から継承されていくジェンダー観も存続するという状況、別の言い方をすれば、男女に等しく開かれた教育制度と内実におけるジェンダーによる教育の相違、という二重構造が存在していたといえるのではないだろうか。たとえば、高等教育機関への進学に際して「女子は短大、男子は四大」という男女の進路選択の違いがあり、特性教育という名の下で、中学校の技術・家庭科における男女別履修や、高等学校家庭科の女子のみ必修なども行われていた。そしてもちろん、これが単なる過去の話でないことは、現代においても短期大学の学生は圧倒的に女子が多く、一部の男子校では家庭科教育がおざなりに行われていることなどを見ればわかるだろう。教育制度上は男女平等なのに、どうしてこのような状況が生まれているのだろうか。このことをいったいどのように整合的に理解したらいいのだろうか。

これまでこの問題は、教育のジェンダー化が顕在化していったのが一九五〇年代後半から六〇年代にかけてであったがゆえに、戦後民主主義教育の反動化や逆コース、あるいは高度経済成長期における産業界の教育要求と関連づけてとらえられてきた。しかしこの二〇年ほどの間に進展してきた日本における「ジェンダーと教育」研究は、別の視点からこの問題を考えるべきことを示唆している。というのも、これらの研究は、制度的な平等とは異なる、ジェンダーの再生産という視点から、学校教育における性差別の問題を議論の俎上にあげ、そこには、戦後民主主義教育の反動化や経済界の教育要求という文脈には回収しえない問題がはらまれていることを、明らかにしてきたからである（森 1992、中西・堀 1997、中西 1998、木村 1999）。

たとえば、男女共学の教育においては、一方では、男女が同一の教室で同じ教師から同一授業を受け、性を捨象した一個人に対して評価や選抜が行われるという平等主義が存在しながら、他方では、教師と生徒の相互作用や生徒間の関係を通じて広められるステレオタイプ的な性別イメージ、学校内での教員や生徒たちの男女による役割分担、男女別名簿などの隠れたカリキュラムが、ジェンダーを再生産する役割を果たしていることが指摘されている。その結果、男女共学が決してジェンダー中立的な営みではないことが明らかになり、共学の教育における男女平等と性差別の共存・錯綜が指摘されるようになったのである。

このような視点の登場によって、わたしは男女平等な教育制度そのものをジェンダーの視点から分析していく必要性を強く感じるようになった。制度的な平等と教育のジェンダー化とは、相反することではなく、制度的な平等においてジェンダーがどのように織り込まれているのか解明されていないがゆえに、相反するように見えるのではないだろうか。いったいどのようなジェンダー観に支えられて戦後教育が生まれ、それが時間の経過とともにどのように変容していくのか、このことを解明することが、男女平等な制度の下で進行していく教育のジェンダー化という事象の理解につながっていくように思う。

このような問題関心から、本書では、男女平等な教育のあり方を象徴するものとして成立した、男女共学と女子高等教育をめぐってどのような議論が行われたのか、そして時間の経過とともに、その議論の構図がどのように変化していったのか、考察していくことにしたい。そのことを通して、男女に等しく開かれた教育制度と内実における性による教育の相違という二重構造が、いったいどのようなものだったのか、明らかになるだろう。

使っている史料は、一部を除いてさほど目新しいものではない。教育刷新委員会や国会の議事録、中央教育審議会や教育課程審議会、中央児童福祉審議会などの答申、『家庭科教育』・『産業教育』・『教育』・日本私立短期大学協会の機関誌といった専門的な雑誌、一般的な女性雑誌や週刊誌、新聞や『時事通信・内外教育版』などの記事であり、戦後初期から一九六〇年代半ばまでのおよそ二〇年間を分析の対象とした。これらの史料には、男女共学や女子高等教育をめぐるさまざまな言説が登場してくるが、それらを読み込みながら、当時の人々がどのような視点で男女共学や女子の大学教育を論じていたのか、その認識枠組みを解き明かしていきたいと思う。そういう意味では、本書は歴史研究のスタイルを取りながら、男女共学や女子高等教育についての議論の解明をめざしているが、それにとどまらず、そこから見えてくる戦後教育におけるジェンダー秩序のありようも考察するものである。

具体的にいえば、第一章「男女共学の実施」においては、そもそも男女共学がどのような論理に支えられて実施されたのか、そこでは性別というものがどのように意識化されているのか、検討している。そのことを通して、当時の人々が、男女共学をどのような認識枠組みでとらえていたのか、男女共学論や男女共学の教育にはどのようなジェンダーの構図が潜んでいたのかを考察している。

ついで第二章「男女共学の見直し論議」では、一九五〇年代から六〇年代にかけて活発化していく、男女共学に異議を唱える主張や男女共学の見直し論議を取りあげ、そこに見られる論理的枠組みとはどのようなものであったのか論じた。第一章と第二章での検討を通して、男女共学の問題が常に女子の「問題」として認識されるというジェンダーの非対称性が存在し、男女共学論議には、男女平等な教育と女子の特性教育をめぐるせめぎ合いが見られることが明らかになると思われる。

第三章「短期大学の女子教育機関化」で論じているのは、短期大学がいかにして女子教育機関としての性格を明確化させていったかという問題である。もともと短期大学は暫定的な制度としてスタートし、在学する学生は女子よりも男子の方が多い教育機関であった。しかし発足から一〇年ほどの間に、短期大学は女子教育機関としての存在意義を鮮明にし、一九六〇年代には恒久的な制度となっている。これがどのようにして行われたのか、短期大学をめぐる議論を検討しながら、短期大学の歴史的な意義を明らかにしていくことにしたい。

そして第四章「女子学生批判が意味したもの」では、主に一般読者向けの雑誌で行われた女子学生批判の言説を取りあげ、四年制大学に通う女子学生たちが、どのようなまなざしでとらえられていたのか考察した。そのことを通して、ジェンダーの視点から見た大学教育の特質が明らかになると思われる。

これらの叙述を通して明確になっていくことは、男子教育を「標準」として設定しながら、女子教育のあり方を考えていくという認識枠組みの存在であり、男女共学や高等教育というジェンダー中立的なものに潜むジェンダーのありようである。そこからは、男女平等な教育制度の下での性差別という二重構造の構図が見えてくるだろう。そしてここから明らかになっていく二重構造のありようは、実は、高度経済成長期の教育をジェンダーの視点から再考することにもつながっている。というのは、二重構造が顕在化する、つまり教育のジェンダー化が明確になっていくのは、一九五〇年代後半から一九六〇年代にかけての、まさに高度経済成長の時期だったからである。高度経済成長期の教育といえば、産業界の教育要求に基づいた教育政策や能力主義、高等学校教育の多様化、とりわけ工業高等学校の増設、といったことが誰の頭にも浮かぶ。しかしこの時期に起きたことはそれだけではないことが、第一章から第四章までの叙述を通して明らかになるだろう。

そして最後の第五章「『家庭づくり』をめぐる政策」では、教育のジェンダー化が進行していく社会的背景を明らかにするために、高度経済成長期に行われた「家庭づくり」政策を取りあげた。「女子向きの教育」「男子向きの教育」が意識され、それが追求される社会的背景を、家族政策という視点から考え、女性に何が期待されていったのか、明らかにしていきたい。

本書は、現代に生きるわたしたちがどこから来て、どのような地点に立っているのか、つまり、戦後の教育というものが、ジェンダーと教育に関してどのような構図のもとに成り立っていたのかという問題を、歴史的な視点から論じた本である。それは、戦後の男女平等な教育制度の下で、教育のジェンダー化がどのように進行していったのか、戦後教育史をジェンダーの視点から読みかえていく試みであるといってもよいかもしれない。そしてそこには、教育における男女平等とはどういうことなのか、という問いが通奏低音として流れている。本書を通して、なにゆえこのような教育のジェンダー化が成立したのか、わたしたちはそこからどのような教育のありようを追究していけるのか、読者の方々と考えていくことにしたい。

# 戦後教育のジェンダー秩序／目次

はじめに

事項索引
人名索引

付記

一　史料からの引用にあたっては、旧漢字は新漢字に改めたが、かな遣いはそのままとした。
一　引用文中の……は、特に断わらない限り、引用者による省略を意味する。
一　引用文の中には不適切な表現も含まれているが、歴史史料の特性を考慮し、そのまま引用した。

# 第一章　男女共学の実施

今日、男女別学の学校が存在し、それを選択する人々がいるものの、男女共学それ自体に異議を唱える主張はほとんど存在せず、わたしたちは男女共学をごく当たり前のものとして受けとめている。しかしながら戦前にあっては、きわめて少数の例外はあったものの、中等教育段階以降は男女別学体制が制度的に維持され、女性が高等教育を受ける機会はかなり制限されていた。しかもそれだけでなく、共学であった初等教育機関においても、多くの場合、男女がともに同じ教室で学ぶという経験は小学校低学年に限られており、戦前に子ども時代を過ごした人々は、実質的には一〇歳くらいまでしか、共学の授業を経験していなかったことになる。

そういう意味では、戦後教育改革において教育機会の男女平等や男女共学が制度的に実現したことは、歴史的にみれば、実に画期的なことであったといわねばならない。それはまた、二〇世紀初頭以来の女性運動、すなわち、男女の教育機会や教育内容の均等、男子の教育機関の開放を求めてきた女性運動の悲願の実現であったともいえるだろう。中でも、中等教育機関において男女共学が実施されたことは、画期的な意味をもっていた。というのは、中等教育段階以降で男女別学体制をとる戦前においても、高等教育機関では少数ながらも男性とともに学ぶ女性の姿があったのに対して、中等教育機関においては、明治初期の中学校や一部の実業学校、文化学院などの例外的な私立学校を除いては、男女がともに学ぶということはまったくありえなかったからである。また、第一次世界大戦後から本格的に登場する男女共学論においても、とりあえずは高等教育機関の共学を求める意見がほとんどであり、中等教育機関の共学要求は一部にとどまっていた（橋本 1992: 118-124, 195-254）。それが、戦後、中等教育機関でも一挙に男女共学が実現したのである。これは従来の男女観・教育観に大きな転換を迫るものであった。

しかしながら、「はじめに」で述べたように、近年の「ジェンダーと教育」研究は、男女共学の教育に存在する性差別の問題を取りあげ、男女共学が決してジェンダー中立的な営みではないことを明らかにしてきた。そして男女共学の下での性差別の存在は、男女平等の観点からすれば、共学と別学とどちらがよいのかという議論さえ生んでいる。というのも、女子校は、男子中心になりがちな共学校とは異なり、女子があらゆる教育活動の主役となり、リーダーシップを発揮できること、その結果、社会で活躍する優秀な女性の人材を輩出できるとされるからである。女子校といえば、ジェンダーの維持・再生産のための教育を行うと単純に考えられていた時代と異なり、現在では、共学の方が別学よりもジェンダーの拘束性が弱いとは、簡単にはいえないのである。

そしてこのような男女共学や別学に関する問題提起は、そもそも男女共学は、その発足当初、どういう視角から論じられ、実施されることになったのか、そこで求められている教育とはどのようなものだったのか、という疑問へとわたしを誘っていく。考えてみれば、これまで男女共学を歴史的に検討したものは、GHQ／SCAP（General Headquarters, Supreme Commander for the Allied Powers、以下、GHQと略記する）の女子教育政策や男女共学を規定している教育基本法(1)第五条の成立過程、共学の実施状況とそこでの問題点を考察したものがほとんどであり、男女共学の実現を教育上の女性差別からの解放ととらえ、その歴史的意義を評価するという視点が多かったように思う（広瀬 1982、橋本 1992、上村 2007）。

もちろん、わたし自身、このような研究から多くを学んできたし、このような視点を共有してもいたのだが、男女共学における性差別が問題化してきている今日、改めて、男女共学とは何を意味しているのか、ジェンダーの問題を意識しながら考察していかねばならないのではないだろうか。そこでまずは、教育基本法案の制定作業を行った教育刷新委員会の議論を検討し直し、男女共学がどのようにして実現したのか、そしてそれにはどのような意味が込められていたのか、考察していきたいと思う。特にその際に、性別役割や「女らしさ」「男らしさ」などの性規範がどのように考えられており、どちらかの性に偏っているわけではない男女共学という言葉において、実際には性別がどのように意識化されているのか、着目していくことにしたい。これらのことを通して、男女共学をめぐる当時の人々の認識枠組みを明確化し、男女共学の教育や男女共学論に潜むジェンダーのありようを歴史的に明らかにしていくこととしたい。

## 一　女子教育政策としての男女共学

### 1　「女子教育」から「男女共学」へ

男女共学は、教育基本法第五条（「（男女共学）男女は互に敬重し、協力し合わねばならないものであって、教育上男女の共学は、認められなければならない」）に規定されていたが、この条文がどこから生まれたきたのかと考えてみると、奇妙なことに気づく。というのも、教育基本法第五条の男女共学規定は、文部省が最初に作った「教育基本法要綱案」（一九四六年九月二一日）には入っておらず、そこには「女子教育」に関する条文（「男女はお互に理解し尊重し合はなければならないもので、教育上、原則として、平等に取扱はなければならないこと」(2)）があったにすぎなかったからである。この条文には「男女共学」という文言すら入っておらず、「男女の共学」という文言が条文中に入ったのは、一九四六（昭和二一）年一二月二一日の「教育基本法要綱案」においてである。(3) そして条文の見出しが「女子教育」から「男女共学」に変わるのは、法制局での法案の検討を経た、一九四七（昭和二二）年一月三〇日の閣議案まで待たなければならなかった。(4)

そもそも男女共学とは、「男女の児童・生徒などが同一教室で同一の教師から同一授業をうけること」(5) を意味している以上、それは男女ともに関わる問題である。にもかかわらず、それは当初は女子教育問題として認識され、そのような認識枠組みの中から共学規定が生まれていったということになる。いったいそれはどうしてなのだろうか。

一九四五（昭和二〇）年一二月四日、閣議諒解として「女子教育刷新要綱」が出されているが、これは、戦後における女子教育政策のはじまりを告げるものであった。そしてここでの基本方針は、「男女間ニ於ケル教育ノ機会均等及教育内容ノ平準化並ニ男女ノ相互尊重ノ風ヲ促進スルコトヲ目途トシテ女子教育ノ刷新ヲ図ラントス」(6)ということにあった。具体的には、大学教育における共学制の採用、女子大学の創設、高等女学校や女子青年学校の教育内容を中学校や男子青年学校と同程度にすることなどがあげられている。戦前においては、女子の教育機会は男子よりも制限され、また同じ中等教育であっても女子の方が教育レベルが低かったため、まずはその制限を撤廃して男子の有する教育機会を女子にも開き、男子の教育水準へ女子教育も引き上げることがめざされていたといえるだろう。

このこと自体は、戦前の女子教育の状況を考えてみれば、実に画期的なことであったといわねばならない。ただここでの認識枠組みは、男子の教育のあり方を一つの基準として、そこに女子教育を近づけることが女子教育の向上・改善である、というものであり、その主眼は、教育機会や教育内容の平準化であった。そういう意味では、男女共学が必ずしもめざされていたわけではなかった。そしてこの視点は、その後も一貫して存在し続けていく。

翌、一九四六年三月末には、戦後教育改革に多大な影響を与えたアメリカ教育使節団によって報告書が提出されている。そこでは女子教育という項目はたてられておらず、何も論じられてはいない。だが、男女共学については、「初等学校および中等学校における教育行政」の個所でふれられている。そこでは「下級中等学校」（中学校のこと）では「条件が整い次第早急に、男女共学にすべきである」[7]とされ、「上級中等学校」（高等学校のこと）については、次のように述べられていた。「ここでもまた、男女共学が財政的節約になるだけでなく、男女の平等を確立する助けとなるであろう。しかし、過渡期においては、教育機会の均等の原則を保障するという条件付きで、この段階では男女別学の学校があってもよい」[8]。つまり、財政的節約と男女平等（これが何を意味するのか不明だが）の観点から、男女共学が推奨されているものの、機会均等が保証されるのであれば別学でもよいとされている。ここでの優先課題は、機会均等だったことがわかる。

さらに一九四六年五月一五日から翌年の二月一五日にかけて、文部省から『新教育指針』が出されているが、その第三章は「女子教育の向上」にあてられていた。これは、共学の問題にまったく言及しておらず、これまで女性の社会的地位が低く、男子に比べて女子は低い教育しか与えられてこなかったという現状認識に立った上で、民主主義社会の建設のためには、女子教育の向上が必要不可欠であることを主張していた[9]。

一九四五年末から四六年にかけてのこれらの史料を読む限りでは、アメリカ教育使節団報告書が中等教育における男女共学を推進しようとしているが、日本側は、女子教育の改善（具体的には教育機会と教育内容の男女平等）の必要性を認識しつつも、男女共学を追求してはいなかったことがわかる。ただ、アメリカ教育使節団報告書においても、共学の実施よりは教育機会の均等の方が優先課題となっていた。このような状況の中で、教育刷新委員会は教育基本法案の審議を開始していった。

教育刷新委員会は、一九四六年八月一〇日に設置され、同年九月七日に第一回総会が開かれている。九月二〇日の第三回総会では、田中耕太郎文部大臣が教育基本法の全体構想を詳細に提示し、それらについて教育刷新委員会の審議を求めているが、そこで取りあげられた課題の一つが「女子教育」であった。彼は「女子教育」という課題を取りあげたことについて、次のように述べている。

> これに付ては議論があり、人種、性別という中に含まれて居るという意味で、これは要らないじゃないかという考もありましたけれども、女子教育の振興ということはこの際非常に重大な問題であり、教育界、社会一般に非常な関心を持たれて居る問題でございますから、この点は触れた方が宜い。殊に男女相互に理解し合い尊重し合えという風を起さなければり《ママ》ませぬから、そういう意味合を以《ママ》ちまして、茲に入れることが有益ではないかという風に考えました（『教育刷新委員会・教育刷新審議会会議録』第一巻、岩波書店、一九九五年、五九ページ。以下、同書からの引用に際しては、『会議録』と略記し、巻数とページ数のみを記す）[10]。

この発言から、教育の機会均等規定の中に男女の教育機会の均等の問題も包含すればよいという意見があったものの[11]、女子教育の振興、男女の理解・尊重という観点から、女子教育が別立てで課題設定されることになったことがわかる。なお、後日の関口隆克（文部大臣官房審議室長）の述懐によれば、女子教育の振興が重視されたのは、母性をもつ女性は本能的に平和を愛するので、女子の教育は大切だという主張があったためだという。[12] 女子に対する教育の必要性に関しては、明治以来、ことさらにジェンダー化して（たとえば、女性は家庭で育児や教育を担うので賢母を育成する必要があるといった論理で）語られてきたが、ここでも、そのような主張があったことはなかなか興味深いことである。

そして九月二一日に提出された、田中二郎（文部大臣官房審議室参事）を中心とした文部大臣官房審議室のスタッフによって作成された「教育基本法要綱案」には、すでに述べたように、「（四）女子教育　男女はお互に理解し尊重し合はなければならないもので、教育上、原則として、平等に取扱はなければならないこと」[13]という条文が盛り込まれていた。「男女は」という書き出しの文章でありながら、見出しが「女子教育」というのは奇異に思えるが、すでに述べたように、この当時の課題は、教育機会や教育水準における女子教育の男並み化であったから、この認識枠組みを正直に語った表現であるといえる。また「共学」という言葉が見出しだけでなく、条文中にも入っていないことは注目に値する。

さて、教育基本法の条文の検討は、教育刷新委員会の第一特別委員会（教育の基本理念に関する事項）で行われていく。この「女子教育」の条文に関していえば、一一月一日の第八回第一特別委員会では、「理解」や「尊重」などの語句をめぐって議論が行われた。そして一一月二九日の第一二回第一特別委員会において、活発な議論が展開されていくことになる。

すでに一一月二二日の第一二回総会において、円谷光衛（衆議院議員）は憲法にも両性の平等が規定されていることであるから、「女子教育」という条文が必要なのかと、第三回総会で田中文相が行った説明を再度問い直す質問を行っていた（『会議録』第一巻、二六四ページ、参照）。が、一一月二九日の第一二回第一特別委員会では、河井道（東京恵泉女子学園長）がまた違った観点から、「女子教育」だけが規定されていることに、次のような異議を唱えている。「女子教育のことだけをポツンと並べてあるのは、何だか嫌になって来たのです。ですから、教育の機会均等の所に女子教育のことを何か含めていただければいいので、わざわざここに女子教育と出すと、どうしてもそこに男子教育、児童教育と出て来ないと、何だかおかしいような気がするのです」（『会議録』第六巻、一九九七年、一七三―一七四ページ）。

この河井の発言は、男子教育については条文がないのに、ことさらに女子に対する教育には独立した条文があり、論じられていること、つまり、女にまつわる事象にのみ性の有徴化が行われていることに対する異議申し立てといえるだろう。女に関わる事象にのみ性の有徴化が行われることは、何も教育に限ったことではないのだが（そして現代においても行われていることであるが）、教育／女子教育という認識枠組みが存在していること、そしてその枠組みにのっとって教育基本法の条文も立てられていることに、疑問が出されたのであった。

この意見に、どういう意図があってのことかわからないが、関口鯉吉（東京天文台長）は賛意を表し、芦田均（衆議院議員）も次のように主張している。「憲法の二十《（ママ）》四条に男女の本質的平等を基準として法律を作れと、こう書いておるのだから、当然この本質的平等に基づいて、教育の問題も何も扱われるもので、特に女子教育という名前を出すことは一体どうか」（『会議録』第六巻、一七四ページ）。それに対して関口隆克幹事は文部省では最初これを書いていなかったが、「段々話しておる間に、どうも女子の取扱いというものが余り低かった、そういう欠陥をこの際是正するという意味で、寧ろここにはっきり謳った方がよいのではないかというようなことで、こうなったのでございます」（『会議録』第六巻、一七四ページ）と答弁し、これを存続する意図を明らかにした。

その後関口鯉吉は、「女子教育というから角が立つので、男女の共学といえば角が立たない」（『会議録』第六巻、一七四ページ）と述べ、羽渓了諦第一特別委員会主査（龍谷大学長）も男女共学という見出しにしてはどうかと提案している。すでに第二特別委員会（下級学校体系に関する事項）では、一〇月以来、何度か新制の中学校・高等学校における共学化の問題が議論されていたから、(14)ここで共学という文言が登場してきたことは意外でも何でもなかった。そしてこの日はその後、共学ということを法律で明記すれば共学以外が認められないのではないか、原則として共学とすればいいのではないか、といったやりとりが続き、結局、関口幹事は、「私は原則として、という言葉は避けたかったのです。……ただ認められるという言い方を、私は主張しておったのです。そういうもの（男女共学――引用者）は妨害しない、それは勝手なんだという言い方の方がよいのではないかと思いまして」（『会議録』第六巻、一七四ページ）と答えている。

関口幹事がこのように答弁したことから見ても、文部省内ではすでに男女共学という文言を条文の中に入れることについて合意ができていたことがわかる。しかし、この共学を妨害しない、共学は勝手なんだという言い方は、共学政策を展開していこうという積極性が感じられない、随分と乱暴な表現である。それというのも、文部省は男女共学の実施を改革課題として認識しておらず、共学を強く求めたのはGHQだったからであった。

このことに関しては、すでに久保義三が、一一月一八日から一一月二九日にかけての、GHQの部局であったCIE（民間教育情報局、Civil Information and Education Section、以下、CIEと略記する）と文部省の関口隆克とのやりとりを検討し、男女共学に積極的なCIE側と消極的な日本側の姿勢を明らかにしている（久保 1984: 426-428）。また上村千賀子はCIE職員であったドノヴァンを中心に、一九四六年五月からほぼ一年にわたって、男女共学条項の制定と実施のために、いかに熱心な働きかけが行われたのかを論じている（上村 2007: 141-167）。

当事者であった関口も、後日のインタビューにおいて、特にCIEの女性職員が共学を強硬に主張したと述懐しているし[15]、安達健二（文部大臣官房審議室）は次のように証言している。「司令部の方で、男女共学ということを是非書くようにということを要求されたのであります。当時の考え方では男女の共学とまでは行かずとも、男女の教育上の機会を均等にすべきであるということはいわれたのでございますけれども、男女共学までは思いが及ばなかったのであります[16]」。

すでに述べたように、アメリカ教育使節団報告書は男女共学を推進しようとし、日本側にはその意図はなかったが、結局はＧＨＱの意向に押し切られる形で、教育基本法案の中に男女共学の文言が入ることになったのである。このようないきさつを承けて、一二月二〇日の第一六回総会で山崎匡輔文部次官は、「男女共学ということを司令部の方でも非常に強く主張しておるのでございます」（『会議録』第一巻、三八七ページ）と述べていた。

ところで、すでに述べたように、河井道は「女子教育」という条文があることに違和感を表明していたが、この一一月二九日の第一二回第一特別委員会において、「（条文の見出しに――引用者）女子教育とわざわざ出さないで、何か別の言い方をして貰いたい。男女共学なり何なりにしていただいたら、私はこれだけは抜いていただきたいと思うのです」（『会議録』第六巻、一七五ページ）と発言している。これをうけて羽渓主査は、男女共学では何か弊害があるかと関口幹事に尋ねているが、それに対して彼は、次のように述べていた。「そう出すのは、扱い方が大き過ぎはしないかと思うのです。どうせ法文にする時にはこういう見出しが、つくかどうか疑問だと思いますし、こんな見出しは実際は取ってしまうのだと思うのです」（『会議録』第六巻、一七五ページ）。男女共学が前面に出ることを、彼が嫌がっていることがわかる。

そしてこの日に、「男女は平等の立場においてお互に敬重し、協力し合はなければならないものであって、男女の共学が認められること」（『会議録』第六巻、一七六ページ）という条文案ができあがった。後日の関口の、「それは僕の考えた言葉だ。認められると言うこと、とうとうそれで押し通しちゃった。尊重されなければならない、でもいけないいんですね[17]」という言葉を信じれば、この条文は彼の苦心の作ということになる。最初の条文案、「教育上、原則として、平等に取扱はなければならないこと」が、「男女の共学が認められること」へ変更になったのである。男女共学という文言が入ったことは、同日に開催された第一三回総会において、早速、羽渓主査より報告が行われている。

このような教育刷新委員会での議論、及び文部省内での立案作業を経て、最終的に文部省は一九四七年一月一五日に「教育基本法案」を完成させた。それに対して大蔵省と法制局が一月二二日と二三日に意見を寄せているが、ここで法制局は「女子教育の見出しは『男女共学』とした方がよい」[18]と注文をつけている。法制局は、条文の見出しと内容の整合性という観点からこのような主張をしたと思われるが、これ以降の法案では「男女共学」という見出しになっている。そして一月三〇日の閣議案、二月一二日の文部省案、二月二八日の教育刷新委員会第二五回総会での承認、三月四日の閣議決定、三月八日の枢密院の修正を経て、[19]教育基本法案は三月一二日に第九二帝国議会に提出された。[20]帝国議会では、衆議院、ついで貴族院において無修正で可決され、一九四七年三月三一日、教育基本法は公布されたのであった。

## 2　教育機会と教育水準の男並み化

このように、日本側ではもともと予定していなかった男女共学規定が教育基本法の中に入ることになったが、教育刷新委員会の委員たちは、自分たちとＧＨＱでは共学の意味づけが違うということを認識していた。このことをよく物語っているのが、一九四六年一一月二九日の第一二回第一特別委員会での次のような議論である。すなわち、務台理作（東京文理科大学長兼東京高等師範学校長）は、「関口（幹事――引用者）さん、あなたの御趣旨というのは、男子と女子とが同じ学校の中にいるとか、同じクラスの中にいるとかいうことが教育的によいという、そういう考えではなくて、女子も男子と同じ水準で教育を受けなければならないのだ、そういうような所に重きを置いているのですね」（『会議録』第六巻、一七五ページ）と質問し、文部省が考える共学の意義は男女の教育水準の同等化にあることを確認している。

また関口鯉吉も務台に続けて、「進駐軍なんかの方の要求というのは、同じレベルという以外に、やはり男子と女子は常に提携して社会に活動するものだから、教育を受けている時代から離さないで、一緒にして置くのがいいのだ、こういう趣意もあるのだろう」（『会議録』第六巻、一七五ページ）と述べている。この発言に対して、関口幹事は次のように答弁するのである。「あります。民主的教育というのは、総ての人がいつも一緒にやるというのが原則である、女も男も一緒にやるのが、社会の其の儘の形なのだから、学校だけそれを別に変える必要もない、民主主義的教育の原則は男女共学だ、こういう風なことを言っておりました」（『会議録』第六巻、一七五ページ）。

つまり、ＧＨＱ側が男女共学を民主主義教育の原則とみなしていると認識した上で、それに対して自分たちはあくまでも教育機会や教育水準の男並み化という観点から、共学の文言を条文中に入れたというのである。

そして日本側とGHQとの間における共学に対する意識のギャップは、教育刷新委員会での議論の端々にみることができる。たとえば、倉橋惣三（東京女子高等師範学校教授）は、共学化に賛成の意思表示をしていたが、次のような共学に対するためらいの気持ちを吐露している。「原則として男女共学ということは、アメリカの社会生活をバックとしてのアメリカの学校の問題は一応の妥当性はあると思いますが、日本は日本」（『会議録』第六巻、四三六ページ）。やはり、共学はアメリカ文化であるという心情があったようである。

ところで、なぜ日本側が共学化に対して消極的だったかといえば、教育刷新委員会での議論を見る限りでは、それは男女の風紀問題の発生への危惧と男女の特性の相違のゆえであったことがわかる。後者の問題は、次節で検討したいので、ここでは前者について述べておきたい。

風紀問題が発生するのではないかという危惧は、共学問題が初めて議論された一〇月四日の第二回第二特別委員会で、早くも菊池龍道（東京都立第一中学校長）によって提起されている。それに対して、牛山栄治（東京牛込青年学校長）は、青年学校で共学を実施した経験談を語り、それが杞憂にすぎないこと、教室の中には非常に楽しい雰囲気があり、男女の社会的訓練の機会ともなっていたことを述べて、共学に賛成の意思を明らかにした。（なお、この経験談は、一二月二〇日の第一六回総会でも語られている。）また倉橋惣三も、菊池の意見に対して、共学の教育的意義を語り、その必要性を主張している（『会議録』第六巻、二〇八―二〇九ページ、参照）。

ただ、風紀問題に対する危惧の念は随分と強かったようで、「私は原則として男女共学が宜いと思うが、それが日本の原状から見て非常に危惧を持たれるということがあれば、此の際は男女共学を原則としてやれということでなくて、単に認める。やっても宜いし、やらなくても宜い」（『会議録』第六巻、二一〇ページ）という城戸幡太郎（教育研修所長）の意見が、委員たちのコンセンサスを得られるところだったのではないだろうか。

また、新制高等学校の共学問題が話し合われた、一一月一三日の第一二回第二特別委員会では、佐野利器（東京帝国大学名誉教授）は、「中学校迄は確かにいい。大学へ行けば最早世間の判断もついた者だからそれはいいと思うが、高等学校の年齢は危険なことがないでしょうか」（『会議録』第六巻、三七六ページ）と、高校の共学に疑問を投げかけている。それに対して、「共学であってもいいし、男だけでも女だけでもいい」（戸田貞三主査）、「共学であってはいかんという所迄は行きませんね」（倉橋惣三）という発言が続き、佐野は「共学と決められては困る」と念押しをしているが、「勧告案（アメリカ教育使節団報告書のこと――引用者）もそれを許しておるようです」という牛山の言葉で、この場の議論は終わっている（『会議録』第六巻、三七七ページ）。

さて、このようにして成立した教育基本法第五条であったが、その成立過程を検討する中で明らかになったことは、共学を実施しようという意図をもっていたGHQに対し、日本側のもともとの問題関心は、女子教育の改善・向上（教育機会と教育内容の男並み化）だったということである。そしてこのことは二つのことを意味している。一つは、女子教育の改善・向上を追究する過程において、男女共学の文言が条文案に入り、ひいては条文の見出しが男女共学となっていったのであり、共学は女子教育のレベル・アップという観点からとらえられていたということである。

このような共学の位置づけは、教育刷新委員会の議論においてのみ見られることではなかった。たとえば、田中耕太郎は、その著『新憲法と文化（教育政策）』（一九四八年）において、「男女の共学が認められること（教育基本法五条）により、従来の高等女学校が廃止せられ、女子も亦、中学校より程度の低い高等女学校の教育を受ける代りに、男子と同様の程度の教育を受けることができるようになり、男女間の教育の平等が実現せられるにいたつた」[21]と述べている。

女子教育の向上こそが共学の意義だったことがわかるが、このことは裏を返せば、男子にとっての共学化の意義とは何だったのか、明確に語られていないということである。もちろん、男女両性の理解や敬重の念を学ぶという抽象的な意義は主張されているが、女子教育のレベル・アップに比すべき、男子にとっての共学の意義は何も述べられていない。男子の教育のあり方を一つの基準として、そこに女子教育を近づけていくという課題がある以上、女子にとっての意義が重点的に語られるということは当然かもしれないが、男女共学は女子にとっての問題として認識されていたのであった。[22]

もう一つのいえることは、共学よりも、教育機会と教育水準の男並み化が優先課題だった結果、これらが保証されるのであれば、共学は是非とも実施すべきものとしてはとらえられていなかったということである。事実、第二特別委員会では、新制中学校では共学が原則、新制高等学校では共学を認めるが任意という結論が出され、それぞれ第八回総会（一〇月二五日）と第一一回総会（一一月一五日）に報告されている。そして第一七回総会（一二月二七日）で採択された、教育刷新委員会から総理大臣に対して出された建議の中には、「高等学校は必ずしも男女共学でなくてもよいこと」[23]という一文が入っていた。

なお、このような結論の違いがもたらされた理由は、第二特別委員会の戸田貞三主査（東京帝国大学文学部教授）の総会での説明によれば、中学校では「男女共学としても一向差支えない。風紀上その他の問題も概して問題にならないだろう」（『会議録』第一巻、一五四―一五五ページ）ということであり、高校では、「此の年齢期は分けた方がよいという御考の校長さんも出来るでしょう。いや、そんなことは、構わぬ、必ず共学で十分成績を挙げて見せるという自信を御持ちの方もございましょう。それは任意でよかろう」（『会議録』第一巻、二三四―二三五ページ）ということであった。[24]

そして男女共学が教育機会や教育水準の問題としてとらえられたということは、新たな疑問、すなわちジェンダーの問題はどのように考えられていたのだろうかという問題へと、わたしを導いていく。なぜなら戦前において男女別学体制が維持されていた最大の理由は、男女を、生物学上の相違にとどまらず、心理的にも、果たすべき役割の点から見ても、大きく異なる、いわば対極的な存在としてとらえる男女観が存在していたからである。しかもその男女観には、男女を同等な存在とみなしながら、その実、男女の優位――劣位、支配――服従という権力関係が措定されていた（小山 1991: 50–60）。ところが、戦後における共学論議は、教育の機会均等といった観点からなされている。いったい、戦後においてこのジェンダーの問題はどのように考えられていたのだろうか。

## 二　ジェンダー観の継承

結論からいえば、戦前のジェンダー観は、戦後社会においては柔軟に考えられるようになった側面があるものの、その基本的な枠組みは戦後もそのまま継承されたと、わたしは考えている。たとえば、「女子教育の向上」について一章をさいていた『新教育指針』では、男女差別をなくし、女子教育を向上させていくことが主張されていたが、そこでは次のような男女観が述べられていた。

元来、男子と女子とは本質的にちがったものを多分にもっているが、それと同時に共通した面をも、もっている。だから女子の特質を生かすことも、もとより大切であるが、男子と共通する面を重んずることも同様に大切である。……

女子も男子と同じように職業につき、社会の生産を直接に受け持ち、経済的に独立しなければならぬ場合も少くないのである。……

教育という仕事は女子の特色を活かすのに最もふさわしい仕事である。家庭の教育において、母が一ばん大切な役目を負うのも、女子が本来子供を育てることを使命とし、そのために必要な多くの性質や能力——例えば温かな愛情、犠牲的精神、ゆきとどいた心づかい、強い忍耐力など——をそなえているからである。(25)

ここから読みとれることは、性別役割や性規範を柔軟に考えていこうとする一方で、それらが存在することは明確に肯定しているということである。もちろん前者の考え方が登場してきていることは特筆すべきことであるが、総体としては、女子に男子と同様な教育機会や教育内容を保証し、ひいては女性の経済的独立を容認していくことと、女性役割や「女性らしさ」を期待することとは、何ら矛盾することではなく、ジェンダー観の存在を前提とした上で、男女の平等が語られるという構造になっていたといえるだろう。そしてこのような構造は、教育刷新委員会の議論においてもみられるところであった。教育刷新委員会では男女の役割や性質の相違を認める考え方に疑問の声はあがっておらず、むしろそれは当然視されていた。その上で、共学に対してためらいを表明する者と、共学を是認する者とがいたのである。

前者は佐野利器である。彼は、一九四六（昭和二一）年一一月一三日の第一二回第二特別委員会の席上、次のように述べ、中等教育における共学に危惧の念を表明している。「男女の性質には根本的な違いがあると思う……国民学校は一緒でも宜かろうと思うのですが、卒業して行くと、多少男女という性格の違いが出て来るから……其の上は別の学校にしようという議論が生れるのだと思いますが、そこで一緒のクラスにして宜いものでしょうか」（『会議録』第六巻、二〇九ページ）。当時にあっては、男女の性質や役割の相違は自明視されており、だからこそ別学でもあったのだが、佐野の発言をひくまでもなく、当時考えられていた男女の相違が共学に対するためらいを生み出すことは、ある意味では当然であった。しかも佐野は、「女を見ると直ぐ下に見るような社会なり家庭なりにある間は、何か男の子はふざけにかかるというようなことの弊がありそうな気がする」（『会議録』第六巻、二一〇ページ）とも述べ、男女を優劣関係でとらえる価値観が共学の場に持ち込まれることにも危惧を抱いたのであった。[26]

それに対して後者には倉橋惣三や城戸幡太郎がいた。倉橋は佐野の意見に対して、「我々の通念として、（男女の――引用者）差があるとしまして、……其の差がよく之が訓練される、陶冶される為に、共学の方が宜いのじゃないか」（『会議録』第六巻、二〇九ページ）と反論しているし、城戸も共学のメリットを次のように語っている。「女子は女子、男子は男子としての個性がありますから、個性を活かさせて社会生活の上に於て協力して行くには、男と女が協力しなければ生活が出来ないものだということの訓練に於ても良いのだ、という気が致します」（『会議録』第六巻、二一一ページ）。

このように倉橋も城戸も、男女の個性の相違を認めた上で、共学こそがそれらを学ぶ場としてふさわしいと考えたのである。男女別学の根拠づけに使われていた男女の性質や役割の相違が、ここでは共学の論拠として登場してきている。しかも共学教育自体が、男女がお互いの相違を理解・尊重し合うことを学ぶ経験として価値づけられ、共学の教育的意義が主張されていた。男女の違いを是認する点では、佐野も倉橋も城戸も変わりがなかったが、倉橋や城戸のようなとらえ方が登場することによって、戦前の男女別学体制を変革し、共学を実施する理論的根拠が得られたのであった。ただ、男女の相違とは単なる違いではなく、優劣の関係性にあることを考えるならば、倉橋や城戸のように、楽観的に共学をとらえていいのか、むしろ佐野の方が現実を見つめていたのではないかということもできる。しかしこの時の議論においては、佐野の問題提起は議論として深められることはなく、もっぱら男女の相違を涵養する機会として共学の意義が語られていった。

ところで、第二特別委員会のメンバーたちは、男女の性質や役割の違いというものを是認してはいたが、彼らが柔軟に男女の教育を考えようとしていたことも事実である。それは、たとえば男は科学的方面においてすぐれ、女は情意的方面においてすぐれているといわれるが、これは教育の結果なのであって、こう考えるのは間違いだとする山極武利（東京西田国民学校長）の意見や、教育においては男女の素質を区別する前提なしでやっていった方がいいのではないかという城戸の意見からも見てとることができる（『会議録』第六巻、二二二ページ、参照）。また戸田主査も、「ドメスチック・サイエンス」については、女だけに限る必要はなく、男女ともに選択科目にすると述べていた（『会議録』第六巻、二二一ページ、参照）。さらに牛山栄治は、次のように述べている。「社会生活に於ては男女の差別主義というものは明かに撤廃され、そういう風に進まなければならんのですから、学校教育に於てもはっきりと、男女の間の差別主義は撤廃して掛かることが原則として必要だろうと思うのであります」（『会議録』第六巻、二二三ページ）。

共学を実施するということは、男女がともに同じ授業を受けるということであり、従来の、教育内容や教育程度に男女で大きな違いがあった教育のありようを大きく変革するものであったから、男女の性差を固定的にとらえないようにすることは必要だった。

しかしいくら戸田主査が、「ドメスチック・サイエンス」は男女ともに選択科目だといっても、その前提には、男子が選択することを排除するものではないが、女子が学ぶことは当然だという考えが存在していた。たとえば、彼は、「女の子だけに裁縫をやらすとか、料理をやらすということは、原則としてはいけない訳でしょうが、それは実業科の選択の中に料理とか裁縫というものがあっても宜いじゃないですか」（『会議録』第六巻、四二六ページ）[27]といい、中学校の教科として設置されようとしていた実業科や勤労科について、次のように述べている。「農村の学校でありまするならば、それは主として農業というような形に於ける就労ということになります。都市の学校でありますれば、工業、商業、又婦人に対しては裁縫、割烹というような面が、やはり勤労科というところで課せられるのではなかろうかと考えて居ります」（『会議録』第一巻、二八〇ページ）。また牛山は高等学校について、「大学の準備なり学究的な課程を持つ所の学校と、実業教育的な課程を持つ農業水産といったような学校と、女子なんかの場合は家庭生活、社会生活に入る所の基礎的陶冶を主とした学校と三つのものが考えられると思います」（『会議録』第六巻、三二一ページ）と語っており、彼が、進学準備教育、実業教育、女子用の教育という三種類の高等学校教育を想定していたことがわかる。

つまり、柔軟に男女の教育を考えようとしていても、「男女共学ですが、女子に付ては［一つの］特殊な考慮が払われなきゃならぬと思います」（『会議録』第六巻、四三六ページ）といった倉橋の発言に象徴されるように、共学に賛成する者も、男女による教育内容の相違を認めていたのであった。

男女の性質や役割の違い、それに基づく教育内容の違いは、教育上の男女差別の撤廃と何ら矛盾することではなかったといえるだろう。

ところで、この男女共学の教育と女子用の教育をどう両立させるのかという問題は、教育基本法案を審議した帝国議会でも議論されていた。すなわち、三月二四日の貴族院の教育基本法案特別委員会において橋本実斐は、「其の教科課程の中に自ら男子と女子は別のものがありまして、例へば裁縫でありますとか、女子になくてはならぬ教科があると思ひます(28)」と述べ、共学の教育において裁縫教育をどうするつもりなのか、質問している。それに対して、稲田清助は政府委員として次のように答弁した。「男子に対しましては、女子が裁縫をやります間は、主として家事工作と云ふやうなものを、男子に充実して参るやうに致し、更に上級へ参りますれば高等学校等に於て、実業科と家庭科と云ふものが、それぞれ選択教科になりまして、男女の間の均衡が得られるやうに考へて居ります(29)」。女子にとって裁縫教育が必要不可欠なものとして認識されていたことがわかる。

そして、当時の議論を検討してきて改めて気づくのは、男女の特性に応じた教育の存在を肯定したときに語られるのは、常に女子の特性のための教育であり、男子の特性に応じた教育ではないということである。いやそもそも、男子の特性とは何を意味するか、ということすら意識されていないのであった。そこには明らかなジェンダーの非対称性が存在している。このことは、これまで引用してきた文章からもうかがうことができるが、次に引用する第二特別委員会での大館龍祥（都立第一高等女学校長）の発言も、このことをはっきりと示している。「女だからといって特殊に取扱って来たことが矢張りハンデキャップをつけることになったので、女だからと言わないで、矢張り平等に扱って行くべきだと思う。但し特殊の学科に付ては特殊の取扱をするということは、当然起る訳であります」（『会議録』第六巻、二四八ページ）。

ここでは男女の性別を意識しない「平等教育」と女という特性を意識した「特殊な教育」という認識枠組みで教育が語られている。しかも、この認識枠組みは他の人々にも共有されていたものであった。そして男という特性のための教育が述べられないこともあわせて考えれば、ここで想定されている男女の性別を意識しない「平等教育」とは、その実、男を基準とした教育であったといえるのではないだろうか。このことを明確に語っているのが、教育法令研究会『教育基本法の解説』（一九四七年）が紹介している、中等教育の男女共学への次の反対論である。すなわち、共学になれば、「女子の肉体的健康が男子のために考案されたプログラムにあまりに熱心に打ちこむことによつて不断に害を受けはしないかという問題が起つてくる」[30]と、考えられていたという。

すでに述べたように、共学は教育機会や教育水準の男並み化という視点でとらえられていた。そして男子に対する教育のあり方が基準にされ、そのレベルに女子が到達していくということが共学教育であった。そういう意味では、男女共学の教育とは、元来男子のための教育であったものに女子を参入させていくものとして、とらえられていたことがわかる。だからこそ、ジェンダー観を継承しつつ共学教育を行っていくためには、女子には「平等教育」と「女子向き」の教育とが必要だったのであり、男子には従来と変わりない教育があればよかったのである。そしてこのような共学教育からみえてくるのは、「差異」と「平等」に引き裂かれる女子生徒、ある時には「女」であることを意識させられ、ある時には性を捨象した存在であることを求められる女子生徒の姿である。そしてそれは女子生徒にのみ課せられる「課題」であり、男子生徒はそうではなかった。そういう意味では、共学教育、あるいは男女「平等教育」は、その発足当初において、ジェンダーとは無関係で中立的なものであるようにされながら、実は男子を主眼において構成された、男子生徒により親和性があるものだったといえるだろう。だからこそ、男女共学は女子にとっての課題として提起されたのである。

## 三　新制高等学校の発足

### 1　文部省の基本方針

以上述べてきた認識枠組みの下に、教育基本法の男女共学規定は成立した。また教育基本法が公布された一九四七（昭和二二）年三月三一日に、学校教育法も公布され、六・三・三・四制の新しい学校教育制度が成立する。そして新制中学校は一九四七年四月一日より、新制高等学校（以下、高校と略す）は一九四八（昭和二三）年四月一日より発足することとなった。

新学制の実施に先だって文部省はいくつかの文書を出しているが、男女共学問題にふれた最初の文書が、一九四七年二月六日の発学第五〇号「新学校制度の実施について」であり、新制中学校について、「なるべく男女共学とするが地方において適宜決定する」[31]と述べられている。二月一七日になると、発学第六三号「新学校制度実施準備に関する件」が出され、その中の「新学校制度実施準備の案内」において、男女共学に対する文部省の考えがより詳細に表明されている。ここから文部省の基本的な方針を読みとることができるが、それには次のように述べられていた。

官公立の中学校においてはなるべく男女共学とする。男女共学は、男女間の社会的関係を正常にし、両性の平等を促す上からも、また、経済的見地からも推奨されるからである。しかし、この原則を採用するかどうかを決定するには、その学校への就学範囲内にある市町村民の意見を尊重すべきである。私立学校においての男女共学に関しては、学校自身で自由に決定する。……高等学校においては、必ずしも男女共学でなくてもよい。男子も女子も教育上は機会均等であるという新制度の根本原則と、地方の実情、なかんずく地方の教育的意見を尊重して、高等学校における男女共学の問題を決すべきである。即ち、男女共学については、教員の問題、財政の問題、設備の問題、あるいはまたその学校の所在する地方の意見等あらゆる事項を考慮の中に入れて取り計ろう《(ママ)》必要があるとともに、男女共学とは、単に男子と女子とを同一の学校や同一の教室へ入れるだけでなく、更に進んで日常生活並びに交際において男子と女子とが互に人格として尊重し合うようにしなければならない[32]。

この文書から見る限りでは、文部省は男女共学を導入するにあたって、官公立の中学校は男女共学が原則であること、私立中学校は学校の判断にゆだねられること、高校で男女共学を実施するかどうかは、教育の機会均等原則に基づきながら、各学校がおかれたさまざまな社会的状況を考慮しつつ判断されるべきことであり、必ずしも共学でなくてもよいこと、という三点を基本方針としていたことがわかる。そしてこの考え方は、その後も踏襲されていく。

新制高校の成立を約三ヶ月後にひかえた、一九四七年一二月二七日、文部省は発学第五三四号「新制高等学校実施準備に関する件」を出し、そこに学校教育局による「新制高等学校実施の手引」を載せている。そこでは、男女の教育機会の均等及び教育内容の同水準という原則が示された上で、旧制の中学校と高等女学校が同じ地域にある場合と、旧制の中等学校が地域に一校しかない場合とに分けて、共学をめぐる方針が示されている。すなわち、前者においては、「その地方の人々が希望するならば、これまで通り、男女を別々の学校に収容して教育することは差支えない」、後者においては、「なるべく男子のためにも、女子のためにも教育が行われ得るような学校とする方が、通学その他の見地よりしても望ましい。しかし特に男女共学にしなければならないというのではない。男子部と女子部を設けてもよいのである。その学校の進み方は、その地方の要望に合致するように取り運ばれなければならない」とある(33)。男女共学の実現を積極的に求めるのではなく、別学でも構わないということが強調された表現となっていることが大きな特徴であるが、この論理は教育刷新委員会の議論を踏襲するものであったといえるだろう。

また、新制高校成立直前の一九四八年三月二七日に出された、発学第一一七号「新制高等学校の実施について」においてもまた、次のように述べられていた。「新制高等学校において男女共学制を採用するかどうかは、監督庁が強制的に決定すべきことでなく、学校所在地の多数の民意を尊重して定めるべきであるが、男女に対する教育の機会均等が保証されることの必要は十分に考慮されなければならない。各都道府県において男女共学を実験的にどこかの学校で実施することは教育の将来に役立つであろう」[34]。この文章を読む限りでは、文部省は高校における男女共学の実施を「実験的なもの」とみなしていたようであり、共学を高校教育の基本的な姿だとは考えていなかったことがわかる。

事実、文部省学校教育局の大照完は、教育基本法第五条の「男女の共学は認められなければならない」の解釈を次のように述べていた。「学校を男女共学にすることを地元民の意思によつて決定した場合にこれを監督庁が禁止してはならないということであり、男女共学を強制するのではない」[35]。

これらの文書を読んでいくと、高校における共学の採用にあたっては、「民意」の尊重が最大の優先原則となっていたことがわかる。このことは、文部省には、これまでの中等教育における男女別学体制を大きく政策転換し、高校の男女共学を積極的に実施していく意思があまりなかったことを意味しているように思う。なぜなら、共学を実施するためには、別学になじんでいた人々の意識を大きく変える必要があるが、後述するように、共学の実施に対して人々には大きな抵抗感が存在しており、監督庁が「民意」を尊重する限りでは、共学の採用はなかなかむずかしいからである。

ともあれ、共学を否定はしないが積極的にも支持しない、共学の採否は自由裁量、という文部省の方針の下で新制高校は発足したのである。そして一般的には、「アメリカ占領軍の担当軍政部が寛大な対応をした東日本では、男女共学実施は漸進的に行なわれたのに対し、京阪神を中心とする西日本では軍政部の強硬な指示によって半強制的に共学を完全実施したところが多い」(橋本 1992: 303)といわれる状況が生み出されていった。

## 2　共学実施時の議論

このように、日本側は共学化に対して消極的であったが、共学の高校が誕生するという現実を目の当たりにして、人々はいったいどういう反応をしたのだろうか。人々が共学をどのように認識し、共学がどのような「問題」をはらんでいると考えたのか。このことを最後に明らかにしておきたい。その際、京都市を一つの事例として取りあげ、高校生や親、教師、そして議員や行政当局者などのさまざまな立場からの発言を検討しながら、戦後初期における高校の男女共学に対するとらえ方を考察していくことにする。

京都の新制高校は、一九四八年四月に、男女別学の高校として、一つの学校に二つ、三つの学校が同居し、二部授業も行われるという、変則的な形でスタートした。そして開校から二ヶ月ほどがたった時点で、高校再編成の問題が議論されはじめ、同年一〇月一五日、「小学区制、総合制、男女共学制」という三原則の下に再編成が実施される。ただ、共学の実施にむけた積極的な動きが当時存在していたわけではなかった。

たとえば、高校再編成へむけた具体的な詰めの議論がなされているさなかの一九四八年九月六日の京都府会では、議員たちは再編成の実施を「G・H・Qの意向」や「その筋の強力なる要請」としてとらえ[36]、教育部長の天野利武も「関係方面からの強い要求」と発言している[37]。さらに高校再編成後の一〇月の府会では、大槻嘉男（無所属）は「再編成に際しては男女共学、地域制、綜合制の三原則に対して某方面の強力なアドヴァイスがあり、いかんともし難いことは先日の発表の通りであり、これに対し私は何も言うことはありません[38]」と述べていた。ここでいう「その筋」「関係方面」「某方面」が京都軍政部をさしていることは明白であり、府会議員たちも理事者たちも、三原則の実施を軍政部からの圧力ととらえていたことがわかる。

では、軍政部はなにゆえ男女共学を実施しようとしたのだろうか。京都軍政部は一九四七年八月と一九四八年二月との二度にわたって、「男女共学こそ自然」とする見解を『京都新聞』に発表している。そこにおいては次のように述べられていた。「米人にとつては何故男女共学でないかと考える方が難しい、……教室こそ常に一緒である男女が協力、同等、民主的等について学ぶ絶好安全な場所である……共学はまた費用も僅少であり経済的に見ても健実《ママ》である[39]」。つまり、男女共学は経済的であるにとどまらず、男女がともに生活し、学ぶことが、「民主的な」男女関係を作っていくことにつながるというのである。アメリカ人にとって男女共学はごく当たり前のことであり、日本を民主化する上で、男女がともに学ぶことは不可欠のことだったといえるだろう。

このような民主化と共学とを結びつけてとらえる視点が日本人にもなかったわけではない。木村作次郎（府教育委員長）は、「一日も早く男女共学を実施すべきで女性の向上自覚がなければ民主日本の建設は覚束ない(40)」と述べていた。しかしこれはまったくの少数意見にとどまっている。当時は「男女共学に対しては一般父兄が消極的なばかりでなく、京都府市の教育当局者も積極的でない(41)」といわれるような状況であり、三原則の中で「男女共学だけはなかなかふみ切りがつかなかった(42)」という、片岡仁志（府立鴨沂高等学校長）の回顧談もある。人々の間には男女共学に対する躊躇や根強い抵抗感が存在していたのである。では、当時の人々は男女共学のどこに「問題」を感じていたのだろうか。

最初に述べたように、戦前においては、たとえ同じ中等教育機関であっても、中学校と高等女学校の教育内容や教育水準は異なっていた。しかしこのような戦前の中等教育の実態に対して、新制高校は男女同じ教育課程・教育水準で臨み、しかもそれを共学の授業で行おうというのである。それが可能なのか、共学にすると男子の学力が低下するのではないかという声がおこるのも、ある意味では当然であった。このような声は広範に存在していたようで、天野利武教育部長は共学を導入することが明らかになった後の府会で、次のように発言している。

男女共学になるために生徒の素質が低下するのではないかという御心配につきましては……大

阪の高等学校の例、本府においては宮津の高等学校が男女共学高等学校を実施しておりますが、それらの例を見ますと、男子のものも、女子のものも従来よりも成績がむしろ上つておる。全部がそうであるかどうかは今後の実験に俟たなければなりませんが、今日まで我々が心配しておりましたのとは反対に、男子は女子を迎えることによつて勉強家になり、女子は男子を迎えることによつて励むということで明朗な結果が出ております。一時的な低下ということはありましょうが、長期にわたるものの成績の低下ということについては、今のところ私は悲観をしておらないのであります。(43)

天野は共学を実施しようとする側の人間であるから、心配ないと言うのは当たり前であるが、彼は京都府で最初の共学高校（一九四八年五月二七日開校）であった宮津高校の経験に照らし合わせて、共学の妥当性を主張したのであった。

では、天野以上に共学を推進する側であった京都軍政部は、この問題をどのように考えていたのだろうか。軍政部では、天野のような経験主義的な主張ではなく、もっと原理論的に、共学を実施するにあたって男女の学力差は問題にならないという主張を展開している。すなわち、「いままでは科学的実験の結果、男の子も女の子も知能にちがいがなくまた日常生活の重要問題を解決する能力にも優劣のないことがわかっています(44)」というように、一般に思われているような男女差はなく、男女共学は何の問題もないというのである。

確かに、学力に性差はないという軍政部の主張は原理論的には正当なものと思えるが、当時の人々がこの論理で納得し、共学を妥当なものと判断したかと考えてみると、疑問なしとしない。というのも、当時の議論を見ていくと、男子の学力が女子よりもすぐれているという「事実」は、ある程度共有されていたように思われるからである。

たとえば共学実施から一年ほどが経過した一九四九（昭和二四）年一一月、『京都新聞』は鴨沂高校生に対する調査を掲載しているが、学力については次のように述べられている。「各学年とも約半数（男四七％女四四％）が男子の学力がすぐれていることを肯定している、これは本年二月共学実施三ヵ月後の調査において学力差ありとした者は二六・八《パーセント》あつたのと比べると過去一年の経験を通じて明確にこれを認めた者が増えている、科目では数学において劣ると記入した者が女子の半数以上をしめ外国語、国語はさしてひけをとらないといつている」[45]。

もちろん、その「事実」のよってきたるゆえんを、男女の本質的な差として考える人もいれば、男女がこれまで受けてきた教育の結果としてとらえる人もいるのだが、ともかく男女の学力差の存在は既成「事実」としてある程度認識されていた。次に引用するのは、洛陽高校の教員の発言であるが、これは当時の男女の学力差をめぐる認識をよく表しているように思える。

ある人は「共学により、女子の学力は確かに上るが、男子の方は、むしろ女子にひかれてレベルが下る傾向がある」という。然しこれはあくまで現在における傾向であつて、何等本質的な根拠はない。女子の学力は確かに男子に比べて劣っている。だが、これは過去の……女子けい視の封建的教育がその責任を負うべきである。……確かに学力の差があるという現実の前諸（ママ）に君は眼を覆うてはならない。即ち男子学生諸君は自ら学力の低下を来す事のないように又、女子学生諸君は、特別にその学力補充に、十分の研究と努力をなさねばならない[46]。

戦前において男女は別学であり、女子教育は低レベルに抑えられていたこと、そして共学の登場は女子教育のレベル・アップと結びつけてとらえられていたことを考えるならば、このような発想はきわめて当然のものであった。なぜなら、すでに述べたように、そもそも男女共学は男女の教育機会の均等を実現するために、正確にいえば、これまで制限されてきた女子の教育機会を男子と均等にするために実施されたものであり、そこには男女共学の問題を女子教育政策の一環として語るという認識枠組みが存在していたからである。そういう意味では、学力に性差がないから共学を実施するのではなく、女子教育を男子教育のレベルに到達させ、男女の学力差を埋めるために共学を実施すると考えるのが、実情であったといえるだろう。

ところが、学力差の問題は、共学実施前後にはかなり議論されたものの、時間的経過とともにさほど論じられなくなっていった。府教育委員会によって一九五二（昭和二七）年に行われた、教員・保護者・有識者を対象とした高等学校制度に関する世論調査では、男女共学について賛成五〇〇名、反対一七一名であったが、そこでは、「学力差を（共学反対の——引用者）理由にしたものが極めて少ない[47]」という結果が出ている。天野の発言ではないが、経験することによって、共学の下での学習には何ら支障がないことが明白になったためであろう。

それに対して、男女共学を実施するにあたってもっとも根づよい反対理由であった、思春期の男女がともに学ぶことへの不安や風紀問題への危惧は、なかなか時間が経過しても解消しはしなかった。

そもそも戦前においては共学を経験したことがないのみならず、若い未婚の男女が親しく交際することを許容する雰囲気も社会には存在していなかった。しかし逆に戦後においては、敗戦後の社会的混乱や解放的空気の中で、性道徳の「混乱」が起きていた。こういう状況の中で男女共学を実施することは、かなり大きな反発がおこることが予想されたが、まだ新制中学校の共学も成立していない一九四七年一月の京都府会では、中川源一郎が男女共学は時期尚早だという次のような意見を開陳している。「米国のやうに宗教心の進んでゐる所ならば存じませんが、日本のやうに貞操観念の低い、ことに処女における貞操観念はアメリカの処女の貞操観念とは非常に低い。……日本の女くらゐ何だ、一時間口説いたらしまひだと言ふ人が居る。……日本の習慣といふものは男女七歳にして席を同じうせずといふので今日まで来た。私は急速に男女共学をするといふことは大いに考へなければならぬ[48]」。さすがにこの発言に対しては穏当を欠くというクレームがついて取り消しとなり、議会外でも女性蔑視であるとして問題となった[49]。しかし、ここまで露骨に発言しなくとも、性的な観点から共学を「問題」あるものとして論じ、しかもその理由を女性に帰する視点は、珍しいものではなかった[50]。

また、新制高校が成立する直前の一九四八年二月四日の『京都新聞』は、堀川高等女学校を男女共学のモデル・スクールとして京都で最初の新制高校とする案があり、それに対して一月三一日堀川高等女学校保護者会が、「一人の女性が男女共学に賛成した以外全員は反対を表明した」ことを報じている。その理由は、「男女学力の相違などをあげているが本当は風紀問題の心配」であり、「女の子を安心して学校にもやれないこれはここだけではなく女学生をもつ全京都市民の世論でないか」という声があがったという[51]。そしてその後、共学反対の署名活動や親たちの陳情が行われている。

このような状況のもとで、男女の関係性をいかに作り、男女交際をどのように行っていくかは、高校生ならずとも重大な関心事であった。たとえば、中等教育機関がまだ別学であり、新制高校が共学化することもまだまったく考えられていなかった一九四七年二月に、京都市内の中等学校四六校の男女生徒九二名によって、男女交際の可否、交際の場所などについての討論会が開催されている。この時期に、このような討論会が開かれたことは、男女交際問題への関心の高さを示すものであろう。そしてそこでは、男女交際は可であること、性教育が必要であること、男女の私的な交際は家庭においてすべきことなどの結論が出されたという[52]。

これ以後、男女交際のあるべきあり方が語られていくが、次の文章は、ある高校教員が共学実施から二ヶ月が経過した時点で、『洛陽新聞』に執筆した記事である。「共学ともなれば、そこに必然的に異性との交際が始まる。もち論交際は自由である。然しながら自由の裏には必ず責件《ママ》の伴うことを忘れてはならぬ。交際はすべからく公明正大にやるべきだ……豊かな教養に根ざした透徹した理性の眼によつて身を処する事が必要である」[53]。

このように、共学になれば男女交際が行われるのは当然であるという前提にたって、いかに高校生らしい節度ある交際を行っていくかを求める主張が、共学の下での男女交際のあり方を開陳した代表的な意見であった。また同じ号には、高校生自らが書いた次の文章も掲載されている。「若い男女間の交際に対する世間の目はまだまだ冷たい……男女学生の交際は将来ますます一般化普及化されるであろう今や共学という一つの機会を得たのだ、今後は学生の合法的な行き方と教育の任にあたる人々の深い思いやりが必要であろう……われわれはわれわれの実生活に即応したエチケットを創造していかねばならない[54]」。

このようなスタンスにたった記事は、一九五一（昭和二六）年になっても見ることができ、一月一六日の『洛北高校新聞』には、「男女交際とエチケット」と題して、心構え、ことばづかい、服装、戸外でのたしなみ、文通などについてハウツー的な記事が掲載されている。高校生も教員も、男女交際のあるべきあり方を模索していたことがわかる。

またこのような交際の心構え・あり方を説くだけでなく、「予期せぬ結果」が起こらないように、性教育の必要性を説いた主張も『洛陽新聞』には掲載されていた[55]。共学という未知の経験を前にして、いかにして男女間で「問題」が起こらないようにするか、男女の交際はいかにあるべきか、高校生も教員もかなり意識していたことがわかる。しかしそれでも、思春期の男女がともに学ぶことへの不安感は消えなかったようである。共学を見る社会のまなざしは、今日から想像できないほど厳しかったことがわかる。

さて、共学実施に伴う第三の課題として指摘しておくべきことは、「女らしさ」「男らしさ」が共学によって失われるのではないかと危惧されていた問題であった。

先に述べたように、この当時は、男女には性質や性格、役割などに大きな違いがあることが自明視されていた。それゆえ、再編前において男女別学校であった鴨沂高校（旧制府立第一高等女学校）と洛北高校（旧制府立第一中学校）が同居することが決まった際には、「男の人が来られたら……啓もうされることが多々ある……府一（府立第一高等女学校――引用者）を一中の人にひつぱつてもらいたい(56)」と、男性のリーダーシップを期待する声があがっていた。また、再編後においては共学に対して、「女生徒は女らしく、男生徒は男らしくあれと、お互いに理解し合い協力により完全なる方向に進んで行きたいという希望が多かつた(57)」という。要するに、共学とは、教育刷新委員会での議論にもあったように、男女がお互いの個性・特性を理解・尊重しあい、それによって男女が協力することを学ぶ経験として、とらえられていたといえるだろう。

しかしながら、現実に共学が実施されてみると、早速、共学による男女の特性の喪失、とりわけ女性の「男性化」を問題として取りあげる声があがっている。たとえば、『洛陽新聞』を見ると、実施後二ヶ月がたった時点で、「女生徒が女としての繊細さを失い次第に粗暴化しつつある(58)」という発言があるし、一九四九年一月には、共学制は「男女の特性を重んじた教育が欠けやすい」との指摘がなされている。[59]また一九四九年二月の『鴨沂新聞』にも同様の記事が掲載されており、[60]共学が実施された当初は、男女がお互いを強く意識しあい、従来から考えられてきた「女らしさ」「男らしさ」の行動規範とはズレが見られたこと、そしてそれが「問題」としてとらえられていたことがわかる。

そういう意味では、男女共学を支持する意見も、それに不安を覚える意見も、ともに男女の特性の存在を議論の前提としており、前者は特性を異とする男女が共学を通して理解し合うことを追求しようとし、後者は共学によって男女の特性が失われることに危惧の念を抱いていたといえるだろう。

以上述べてきた三点が、男女共学実施前後の時期に論じられた、男女共学を遂行するにあたっての課題である。初めての経験に対する不安や危惧の念、そしてそれを否定する発言が行われていたことがわかる。そしてこれらは京都でのみ見られた議論ではなかった。たとえば、一九五〇（昭和二五）年四月の『時事通信・内外教育版』は、『教育現実』三月号が指摘した男女共学の問題点を次の三点にまとめている。

1　性意識の発達にともなう男女の交際の問題

2　男の気力が減退し、女が乱暴になるという問題

## 3　女生徒の存在は学力の低下をきたすという問題(61)

京都において男女共学の課題として論じられていた論点と重なっており、共学が実施された地域では京都と同じような議論が繰り広げられていたことがわかる。ただ一九五〇年前後の時期の議論はまだ課題の指摘にとどまっており、共学制度自体を問い直す主張は存在していなかった。ところが、一九五〇年代半ばころから議論の様相に変化がおこり、共学は廃止すべきではないかという、新たな主張が展開されていくことになる。また、現実に共学のあり方に変化がおきつつあった。それはいったいどのようなものだったのだろうか。

注

(1)　一九四七年に成立した教育基本法は二〇〇六年に改正され、男女共学に関する条文は現在は存在しない。したがって本章でいう教育基本法とは、改正される以前のものをさす。本来であれば、旧教育基本法というべきであろうが、煩雑になるので、ここでは教育基本法とだけ表記しておく。

(2)　鈴木英一編『教育基本法文献選集別巻　資料　教育基本法30年』学陽書房、一九七八年、一三三ページ。

(3)　このときの条文案は以下の通りである。「(四) 女子教育　男女は、お互に敬重し、協力し合はなければならないこと。従つて、男女の共学は認められなければならないこと」(同、一三七ページ)。

(4)　このときの条文案は以下の通りである。「(五) 男女共学　男女はお互に敬重し、協力し合はなければならないものであつて、男女共学は、認められなければならない」（同、一四五ページ）。なお、ここでは第五条となっているが、このようになったのは、一二月二九日の文部省調査局案からであり、それは、後ろに置かれていた「義務教育」に関する条文が、第四条になったためである。

（5）『現代教育学事典』労働旬報社、一九八八年、五三一ページ。

（6）『資料日本現代教育史1』三省堂、一九七四年、二三ページ。この「女子教育刷新要綱」が出される経緯について詳細は、大島宏（2004）、湯川次義（2005）を参照されたい。

（7）『アメリカ教育使節団報告書』村井実訳、講談社学術文庫、一九七九年、六四ページ。なお、第一次アメリカ教育使節団の女子教育観や報告書作成過程について詳細は、上村千賀子（2007: 109-140）を参照されたい。

（8）同、六四ページ。

（9）伊ヶ崎暁生・吉原公一郎編『戦後教育の原典1　新教育指針』現代史出版会、一九七五年、九四—九九ページ、参照。

（10）なお、教育刷新委員会に先立ち、田中耕太郎文相は第九〇帝国議会において、左藤義詮の女子教育や男女共学に関する質問に対して、次のように答弁していた。「女子教育ノ振興ノ必要ナルコトハ申スマデモアリマセヌ、其ノ精神ト致シマシテハ三ツ掲ゲテ居ルノデアリマス、一ツハ教育ノ機会均等、第二ハ男女教育ノ平準化、第三ハ男女間ノ相互尊重ノ念ヲ涵養スルコトデゴザイマス……ソレカラ共学ノ問題デアリマスガ、専門教育以上ニ付キマシテハ共学ノ利益ガアッテ弊害ハナイト存ジテ居リマス、併シナガラ中等教育ノ方面マデソレヲ及ボシマスコトハ、是ハ尚早デハナイカト思ヒマス」（「帝国憲法改正委員会議録第一六回」一九四六年七月一八日、『帝国議会衆議院委員会議録昭和篇　一六二』東京大学出版会、二〇〇〇年、二三〇ページ）。田中文相は、中等教育における男女共学に対して慎重であったことがわかる。

(11)　このような考えがその後も存在していたとみえ、教育基本法を審議した第九二帝国議会衆議院でも、永井勝次郎（社会党）によって開陳されていた。詳しくは、「教育基本法案委員会議録（速記）第一回」一九四七年三月一四日、『帝国議会衆議院委員会議録昭和篇　一七二』東京大学出版会、二〇〇〇年、三九五ページを参照されたい。

(12)　関口は次のように述べていた。「本当はね、女子教育ってのはね、入ったわけがあるんですよ。女の人が言ったのも一つある。一つは関口泰が言った。女子ってのは妻であり母であると。女はね、本能的に女ってのは母性ってものは平和を愛する‥‥男はどうかするとケンカが好きだが‥‥女はしないっていうんですよ。（中略）なまじの男よりもね、本能的に平和を愛するところがあるから、まあ、女の教育は入れとかなきゃいけない」（‥‥は原文のママ）（関口隆克ほか『教育基本法の成立事情（二）』北海道大学教育学部教育制度研究室、一九六八年、二二ページ）。なおこの史料は、鈴木英一が一九六八年一〇月から一一月にかけて二回にわたって行った、関口隆克、辻田力、西村巌、安達健二に対するインタビューの記録である。

(13)　前掲鈴木英一編『教育基本法文献選集別巻　資料　教育基本法30年』一三三ページ。

(14)　はじめて第二特別委員会で共学のことが話題になったのは、一〇月四日の第二回第二特別委員会においてであった。その後、第五回第二特別委員会までに議論された内容は、第八回総会（一〇月二五日）において中間報告がなされ、第一一回総会（一一月一五日）でも、第一二回第二特別委員会までの議論の報告が行われている。

(15)　関口は次のように述べている。「三人の女が来ましてね、さんざんやっつけられた記憶があります‥‥で、僕はそういうときもね、『あの婆さん共が、日本の女性の為だと思って、そしてこんな判らないことを言っているな‥‥』と思っていましたよ。男女共学は強硬でしたね」（前掲『教育基本法の成立事情（二）』二一ページ、‥‥は原文のママ）。それにしても、ＣＩＥの女性職員を「あの婆さん共」と蔑視する発言には、共学に対する不本意さが滲み出ているように思う。

(16) 同、四八―四九ページ。

(17) 同、二二ページ。

(18) 前掲鈴木英一編『教育基本法文献選集別巻　資料　教育基本法30年』一四三ページ。なお、法制局がこの条文案に対してつけた注文は、これ以外に、「二つの文章の結びつきが悪い」「『認められなければならない』の意。国民に男女共学に対する要求権を与えたのか」(同)の二点であった。

(19) 枢密院での修正は、「男女は、互に敬重し、協力し合わなければならないものである。従つて、教育上男女の共学は……」を「男女は、互に敬重し、協力し合わなければならないものであつて、教育上男女の共学は……」とするものであった。鈴木英一『戦後日本の教育改革3　教育行政』東京大学出版会、一九七〇年、二七二ページ、参照。

(20) 一九四六年九月二一日の文部省案から、一九四七年三月一二日の帝国議会への提出案まで、条文の変化は、前掲鈴木英一編『教育基本法文献選集別巻　資料　教育基本法30年』一三三―一五二ページ、参照。また、この間のやりとりについては、前掲鈴木英一『戦後日本の教育改革3　教育行政』二一三―三一八ページ、を参照されたい。

(21) 田中耕太郎『新憲法と文化(教育政策)』一九四八年(鈴木英一編『教育基本法文献選集1　教育基本法の制定』学陽書房、一九七七年、所収)、一〇一ページ。

(22) 同様のことを、広島県の新制高校一期生であった関千枝子へのインタビューから結論づけているのが、舘かおると亀口まかの研究である。関は、男女共学には優秀な女子は男子と一緒に学ばせてやるという認識が強かったこと、女生徒は男生徒と同じようにできるということを証明するために一所懸命勉強したこと、女子と異なり、男子の人生は共学によって変わっていない、ということを述べたという(舘・亀口 2001: 193-196)。

(23) 文部省調査局審議課編『教育刷新委員会要覧』一九四九年、九〇ページ。

(24) また教育基本法を審議した、一九四七年三月二二日の第九二帝国議会貴族院では、荒川文六が教育機会の男女均等を実現するためには「必ずしも男女共学でなくても出来るかと思ひます」と質問したのに対して、高橋誠一郎文相は、「原則として男女共学を認めるので、更に進んで強制を行ふと云ふ積りはないのでございます」と答弁し、政府委員として日高第四郎も次のように述べている。「義務教育は原則として男女共学にする、それ以外のものは男女共学を申出たものは、それを認めると云ふ、さう云ふのでありまして、禁止をしないと云ふことが此処で表面に出て居ります」（『帝国議会貴族院委員会速記録昭和篇　一二六』東京大学出版会、二〇〇〇年、一五二ページ）。

(25) 前掲『戦後教育の原典1　新教育指針』、九六―九八ページ。

(26) たとえば、新制高校発足時に、別学と共学の両方の高校を経験したある高校生は、次のように証言している。「男生徒が女生徒をいじめたり、困らせたりするのはたやすい事である、そして喜んでいる……ますますみぞが出来行く共学生活……果てはなつかしい母校をしのび、やさしい友達を思い、共学をいとうのみである」（坂田昌子「共学雑感」『洛陽新聞』〔京都市立洛陽高等学校発行〕第一〇・一一号合併号、一九四九年一一月七日）。もちろんこれは一つのとらえ方でしかないが、共学の多面性を考えさせる一文である。

(27) ここでは実業科や勤労科という表現が使われていたが、新制中学校に新設される予定の教科名は、一九四六年一一月段階での文部省原案では実業科となっており、その中に家政が工業・農業・商業・水産とともに組み込まれていた。しかし一九四七年一月に発表された教科課程表上は、実業科が職業科に、家政は家庭に変化している（朴木 1988b）。そしてこの年の三月二〇日に出た『学習指導要領　一般編（試案）』では、中学校に職業科をおくことが明記され、四月から授業が開始されたが、生徒たちは、家庭・工業・農業・商業・水産の五科目から、一科目ないし数科目を選択必修しなければならなかった。
(28)「第九二回帝国議会貴族院教育基本法案特別委員会議事速記録第五号」『帝国議会貴族院委員会速記録昭和篇　一二六』東京大学出版会、二〇〇〇年、二七八ページ。
(29) 同、二八〇ページ。
(30) 前掲『教育基本法文献選集1　教育基本法の制定』、一七六ページ。
(31)『近代日本教育制度史料』第二三巻、講談社、一九六四年、一七ページ。
(32) 同、二四九―二五二ページ。
(33) 同、三三二ページ。
(34) 同、三九五ページ。
(35) 大照完『新制高等学校の制度と教育』旺文社、一九四八年、二三ページ。
(36) 長谷川正直（民主党）と細川馨（民主党）の発言である。詳しくは、『京都府会会議録』一九四八年九月六日、一七九、一八四ページ参照。
(37) 同、一九四八年九月六日、一八七ページ。
(38) 同、一九四八年一〇月二五日、九三ページ。
(39)「男女共学こそ自然――京都軍政部発表」『京都新聞』一九四七年八月二一日。また、「男女共学こそ自然―京都軍政部見解」同、一九四八年二月二一日、も参照されたい。
(40)「新制高校に対立する意見」同、一九四八年二月四日。また、この新聞記事には天野利武の「必ずしも共学にせねばならぬこともない」という談話も載っており、木村の発言と好対照をなしている。なお、木村の職名が府教育委員長となっているが、この教育委員会とは教育委員会法に基づいた組織ではなく、京都独自の、知事の諮問機関である。
(41) 社説「新制高校と男女共学」同、一九四八年四月一〇日。

(42)「新学制発足当時の関係者座談会速記要旨」『京都府教育史』一九五六年、六〇四ページ。
(43)『京都府会会議録』一九四八年九月六日、一八八―一八九ページ。
(44)前掲「男女共学こそ自然――京都軍政部見解」。なお、同様な主張は、「共学半年の成果」(『京都新聞』一九四九年五月四日)にも見てとることができる。またこれと同趣旨でより詳細な内容が、「男女共学実施の効果について」として、一九四九年六月の『教育展望』(京都府教育委員会発行)に掲載されている。
(45)「高校生がみた共学一年」『京都新聞』一九四九年一一月二三日。
(46)岡田茂「共学はどうあるべきか」『洛陽新聞』第一号、一九四八年一二月二二日。
(47)調査統計課「京都府立高等学校の現行制度に関する世論調査について」『教育展望』一九五二年七月。
(48)『京都府会会議録』一九四七年一月一五日、一三四ページ。
(49)たとえば、「謝つた中川府議」『京都新聞』一九四七年二月七日、参照。
(50)たとえば木村府教育委員長も、「男女の間違いは女性の教養、人格が低い場合におこる」(「新制高校に対立する意見」同、一九四八年二月四日)と述べていた。
(51)前掲「新制高校に対立する意見」。
(52)「中等生の感想は」『京都新聞』一九四七年二月七日、「恋愛論も一くさり」同、一九四七年二月九日、「中等学生の男女交際」『京一中新聞』(京都府立京都第一中学校発行)第二号、一九四七年三月、を参照されたい。
(53)前掲、岡田茂「共学はどうあるべきか」。
(54)社説「共学と交際」『洛陽新聞』第一号、一九四八年一二月二二日。
(55)鈴木時春「隠蔽より解放を」同、第一号、一九四八年一二月二二日、参照。

(56)「さあ共学への第一歩」『京一中新聞』号外、一九四八年四月二〇日。
(57)「共学是か否か」『洛陽新聞』第一号、一九四八年一二月二二日。
(58)「よき共学へ生徒の声」同、第一号、一九四八年一二月二二日。
(59)「どうみる?　再編後の学校」同、第二号、一九四九年一月二五日。
(60)「超短波」『鴨沂新聞』(京都府立鴨沂高等学校発行)一九四九年二月一三日、参照。
(61)「男女生徒間の交際——共学の問題点はなにか」『時事通信・内外教育版』一九五〇年四月二六日。

# 第二章　男女共学の見直し論議

## 一　男女共学の状況

男女共学に生じている変化をはじめて本格的に取りあげたのは、一九五三（昭和二八）年一二月六日の『朝日新聞』の記事、「動揺する男女共学制度」であったように思う。新制高校が誕生してから五年以上が経過した時点での記事であるが、タイトルからもわかるように、共学が変化しつつあるという現状認識にたって、次のように述べていた。

男女共学制が実施されて七年。しかしこの共学制度も、〝占領教育〟に対する批判と反省から、最近各地でいろいろな問題を起し、一部では共学廃止の動きさえ表面化している。山梨県の甲府二高、青森県の弘前中央高校、岐阜県、さらに福岡県下では千束中学がすでに今年の四月から男女共学を〝返上〟して別学制に逆行する――といった事例まで出ている。……一学区に二校ないし三校の高校がある中学区制のところは、大体元の中学、高女がそのまま高校に昇格して、男女生徒を収容するようになったため、……男女共学とはいいながら、実際の男女数はどちらかに片寄っている現状だ。

ここからうかがえるのは、共学廃止や共学における男女数の偏りが進行しつつある状況である。そしてこのような状況は、教育学者である長田新が一九五六（昭和三一）年九月の『教育技術』に発表した論考、「男女共学をめぐって」でも指摘されていた。右の新聞記事と重複している点もあるが、彼は次の諸点について言及している。すなわち、一九五三年に岐阜県議会で自由党が共学廃止を主張し、知事も同調したが、それに対して県教育委員会や高教組が反対したため、政治問題化したこと、山梨県甲府第二高校（旧制甲府高等女学校）の同窓会が「母校を女子校に戻して」と共学制の廃止を決議し、教育庁に陳情したこと、静岡県をはじめ各地で別学化の動きがあること、福岡県築上中学が一九五三年四月から別学化したこと、である。(1)

しかし他方で、『朝日新聞』の一九五六年七月一二日の「ふえている共学高校」という記事は、旧制の中学校や高等女学校の姿へ戻る動きがあるが、全国的に見れば共学校の数は増加していると指摘している。ということは、別学への転換が起きているのは、全体から見るとごく僅かの事例ということになるのだろうか。そこで、一九五〇年代から六〇年代にかけての、男女共学をめぐる議

**表2-1　公立高等学校（全日制）における共学実施状況**

| | |
|---|---|
| 全学校数 | 1826（100.0％） |
| 共学を実施 | 1056（57.8％） |
| （内訳） | |
| 　全学年 | 667 |
| 　第１学年のみ | 280 |
| 　第１、第２学年 | 108 |
| 　第２、第３学年 | 1 |

『公立中学校・高等学校男女共学実施状況調査』1950年、3－4ページより作成

論のありようを検討する前に、当時の男女共学の実施状況をできるだけ明らかにしておきたいと思う。

新制高校発足時から一九五〇年代前半にかけての共学の実施状況を明らかにする資料はあまりないが、表２－１は、文部省が一九四九（昭和二四）年九月三〇日現在で調査した、公立の全日制高等学校における共学の実施状況である。新制高校が誕生して一年半後の調査であり、全国各地では旧制中等学校から新制高校への移行、それに伴う高校の再編成がまだ進行中であったから、これはあくまでも暫定的な数字として理解すべきであろう。ただこの表からは公立高校で六割弱が共学化していたものの、全学年で実施していた高校は全体の三分の一ほどでしかなかったことがわかる。

表２－２は、公立だけでなく、国立・私立も含めた統計であるが、一九五一（昭和二六）年―五三年が統計上の不備により不明であるものの、この表から読みとれる変化がいくつかある。それは一つには、一九五〇年代前半に男子校、女子校ともに減少し、共学校が増加したこと、二つには、一九五四（昭和二九）年以降、一九六〇年代半ばまで、共学校の割合がほとんど変化しないこと、そして三つには、別学

## 表2-2　男女別設置者別高校数

| 年 | 共学 | | | | 男子のみ | | | | 女子のみ | | | | 生徒のいない学校 | 計 |
|---|---|---|---|---|---|---|---|---|---|---|---|---|---|---|
| | 国立 | 公立 | 私立 | 計 | 国立 | 公立 | 私立 | 計 | 国立 | 公立 | 私立 | 計 | | |
| 1950 | | | | 1838 (63.3%) | | | | 499 (17.2%) | | | | 566 (19.5%) | 0 (0.0%) | 2903 (100%) |
| 1954 | 11 | 2051 | 221 | 2283 (70.1%) | 9 | 189 | 258 | 456 (14.0%) | 1 | 106 | 406 | 513 (15.8%) | 4 (0.1%) | 3256 (100%) |
| 1955 | 11 | 2071 | 232 | 2314 (70.2%) | 9 | 195 | 202 | 406 (12.3%) | 1 | 114 | 459 | 574 (17.4%) | 0 (0.0%) | 3294 (100%) |
| 1957 | 12 | 2110 | 242 | 2364 (70.0%) | 10 | 187 | 203 | 400 (11.8%) | 1 | 129 | 470 | 600 (17.8%) | 12 (0.4%) | 3376 (100%) |
| 1959 | 12 | 2157 | 267 | 2436 (69.4%) | 10 | 191 | 214 | 415 (11.8%) | 1 | 144 | 498 | 643 (18.3%) | 15 (0.4%) | 3509 (100%) |
| 1961 | 12 | 2211 | 280 | 2503 (69.3%) | 11 | 180 | 250 | 441 (12.2%) | 1 | 144 | 506 | 651 (18.0%) | 15 (0.4%) | 3610 (100%) |
| 1963 | 13 | 2411 | 341 | 2765 (70.1%) | 10 | 212 | 250 | 472 (12.0%) | 1 | 165 | 533 | 699 (17.7%) | 7 (0.2%) | 3943 (100%) |
| 1965 | 14 | 2494 | 395 | 2903 (71.1%) | 9 | 198 | 241 | 448 (11.0%) | 1 | 179 | 541 | 721 (17.7%) | 10 (0.2%) | 4082 (100%) |
| 1967 | 15 | 2546 | 419 | 2980 (71.8%) | 8 | 183 | 238 | 429 (10.3%) | 1 | 190 | 545 | 736 (17.7%) | 7 (0.2%) | 4152 (100%) |
| 1969 | 15 | 2605 | 427 | 3047 (72.3%) | 8 | 174 | 241 | 423 (10.0%) | 1 | 194 | 541 | 736 (17.5%) | 11 (0.3%) | 4217 (100%) |

1950年は『日本の教育統計（昭和23—40年）』1966年、1954年以降は各年度の『学校基本調査報告書』より作成

校に関していえば、一九五四年から一九五七（昭和三二）年にかけて、男子校の減少、女子校の増加が見られ、以後、一九六〇年代後半まで男子校が漸減する反面、女子校は変化がないことである。このような変化があるものの、総じていえば、共学校が一九六〇年前後に若干減少してはいるが、これをもって、別学化の進行ととらえることは難しいように思う。ただいうまでもなく、共学校といっても、男女の生徒数がほぼ均等のものから、男女比がアンバランスなものまで、その実態は多様であった。その実態に迫る資料が、表2－3と表2－4である。

表2－3は、一九五六年度の全日制高校における女子生徒の比率別学校数であるが、ここで示された学校数は、表2－2と比較してみると隔たりがあり（表2－2が定時制高校なども含んでいるためと思われる）、別学校の校数が多くな

表2-3　全日制高校における女子生徒の比率別学校数

| | 0% | 1～39% | 40～59% | 60～99% | 100% | 計 |
|---|---|---|---|---|---|---|
| 普通課程 | 230（10.5%） | 538（24.7%） | 705（32.3%） | 179（8.2%） | 529（24.3%） | 2181（100%） |
| 全日制全体 | 450（15.2%） | 831（28.0%） | 817（27.6%） | 247（8.3%） | 620（20.9%） | 2965（100%） |

「中等教育課だより―高等学校の男女共学実施状況」『中等教育資料』1957年4月より作成

っている。しかし、この時期の男女共学の実態がわかる統計資料は、わたしの知る限りでは他にはないため、あえて掲載した。この表において、〇%とあるのは、女子がゼロ、すなわち男子校であり、逆に一〇〇%は女子校を意味している。普通科のみの高校に比べて職業科の高校も含めた方が、女子校の比率が下がり、その分、男子校の比率が上がっていることがわかる。これは、高校進学率が男女でかなりの差があり（一九五六年で男子五五・〇%、女子四七・六%）、しかも入学者にしめる普通科生徒の割合は女子が多い（一九五六年で男子五五・二%、女子六七・四%）ことの結果だろう。ところで、女子生徒比率が四〇―五九%というのが、男女比のバランスがとれた共学校ということになるだろうが、普通科の高校では共学校（一四二三校）の約半数がここに入っているものの、女子生徒比率が一―三九%の学校もかなり多く、共学校の中で女子生徒は少数派であることが少なくなかったことがわかる。そして職業科の高校も含めると、この傾向はさらに強まることになる。

同様の調査は、一九六〇（昭和三五）年度より一九六八（昭和四三）年度の『公立高等学校入学者選抜実施状況に関する調査報告

**表2-4　男子生徒の比率別学校数（全日制普通科）**

| | 0% | 1～20% | 21～35% | 36～50% | 51～60% | 61～75% | 76～90% | 91～99% | 100% | 計 |
|---|---|---|---|---|---|---|---|---|---|---|
| 1960年 | 124 (8.8%) | 15 (1.1%) | 81 (5.7%) | 415 (29.3%) | 368 (26.0%) | 272 (19.2%) | 83 (5.9%) | 35 (2.5%) | 21 (1.5%) | 1414 (100%) |
| | 0% | 1～19% | 20～39% | 40～59% | | 60～79% | 80～99% | | 100% | |
| 1962年 | 118 (7.8%) | 18 (1.2%) | 189 (12.5%) | 758 (50.3%) | | 330 (21.9%) | 79 (5.2%) | | 15 (1.0%) | 1507 (100%) |
| 1964年 | 136 (8.6%) | 10 (0.6%) | 151 (9.6%) | 799 (50.7%) | | 360 (22.9%) | 86 (5.5%) | | 33 (2.1%) | 1575 (100%) |
| 1966年 | 178 (10.4%) | 11 (0.6%) | 132 (7.7%) | 859 (50.1%) | | 388 (22.6%) | 92 (5.4%) | | 55 (3.2%) | 1715 (100%) |
| 1968年 | 188 (10.5%) | 13 (0.7%) | 189 (10.6%) | 910 (51.0%) | | 344 (19.3%) | 67 (3.8%) | | 51 (2.9%) | 1784 (100%) |

各年度の『公立高等学校入学者選抜実施状況に関する調査報告書』より作成

書』にも掲載されており、表2－4は、全日制普通科にしめる男子生徒の比率別学校数をまとめたものである。これは経年比較を行うことができる資料であるが、注意しなければならないのは、公立高校に関しての数字であり、国・私立を含めた高校全体のありようを示したものではないということである。また、男子生徒の比率なので、表2－3とは逆に、〇%が女子校、一〇〇%が男子校を表していることになる。

ちなみに、この報告書自体は一九五二（昭和二七）年度分よりあるが、男女比率や男女別定員についての調査項目があり（ただし一九五三年度分はなし）、そこでは各都道府県の実情や課題が記述されていた。さらに一九六〇年度からは、「男女共学における入学者の片寄り（について）」という項目が新たに登場し、各都道府県や課程ごとの詳細な表や実情報告、是正措置が、一九六四（昭和三九）年度まで掲載されていた。そして一九六五（昭和四〇）年度からは「片寄り」という表現はされなくなり、記述や表も簡略化していったが、それでも、共学校における男女比の問題は一九六八年度まで提起され続けている。

そういう意味では、文部省は一九六〇年代前半において、共学校における男女のアンバランスに対して強い問題関心をもっていたといえるだろう。

表2－4を見ると、一九六〇年代を通して、男女比のバランスがとれている高校が五〇％程度をしめているものの、六〇年代半ばにおいて公立の普通科高校では、女子校化や男子校化が若干進む傾向があることがわかる。たとえば、〇％、一〇〇％の学校は一九六二年にはそれぞれ七・八％、一・〇％だったのに対して、一九六六（昭和四一）年には一〇・四％、三・一％となっていた。とはいっても、表2－2を見ると、一九六〇年代後半、公立高校で女子のみの学校は増えているが、男子のみの学校は減っており、表2－2と表2－4には異なる傾向が現れている。それは恐らく、表2－4が普通科の高校に関する統計であることが関係しているからではないかと思う。また一九六八年には男子比率が六〇％以上の高校が減少しているが、これは、高校進学率の男女差が縮まり、しかも女子の方が普通科に通うことが多かったためであると思われる。

わたしが入手できた男女共学の内実を全国規模で知ることができる統計は以上であるが、一九五〇年代後半から六〇年代後半にかけて若干の変化はあるものの、総体としていえば、高校全体にしめる共学校の割合も、共学校の中での男女比のバランスのとれた学校の割合も、さほど大きな変化がなかったといえるだろう。しかし、男女共学に関する報告や報道を読むと、一九五〇年代半ばころから、これらの統計が示す実態とは異なった状況が浮かび上がってくる。

まず、『公立高等学校入学者選抜実施状況に関する調査報告書』の中の、共学校における男女の偏りについての記述をみてみたい。これは、公立高校のことしかわからないが、短い記述の中に、当時の状況が垣間見える。たとえば、一九五四年度においては次のように述べられていた。

岩手――市部において男子多数、女子少数あるいは男子少数1《（ママ）》女子多数という事例があらわれているので、指導上（特に後者において）困難を訴えている。

山梨――女子校としての伝統の強い甲府二高には、男子が集まらず、昨年来、社会問題化し、同盟休校にまで発展し、本年度も、自由進学制を強行したため、あらゆる努力にもかかわらず男子入学者は、僅か17名で、再び問題化せんとしている現況である。

静岡――従来男子の学校へは男子が、女子の学校へは女子が多くなる傾向がある。

滋賀――いわゆる県内の一流校と称される学校に質のよい男生徒が集まり、二流三流と称される高校普通課程には女生徒が多くなる（男子と女子の比が1：2）傾向が現れている。

大阪――旧中学校には男生徒が多く集中し、旧女学校には女生徒が多く集中する傾向がある。

鳥取――都市部において中学区制を設けているが、旧中学校であつた高校には男子が多く集まり、旧女学校のある高校には女子が多く集る傾向がある。男女共学の基本線にかかわらず、旧女学校のある高校では、今年度の志願者が男子2名を除いて全員女子であり、入学許可者は全員女子生徒であつた(2)。

一つの学区の中に複数の高校が存在しているところでは、共学といっても、旧制中学校を前身とする高校には男子が多く、旧制高等女学校を前身とする高校には女子が多くなっていることがわかる。また滋賀県の例のように、男子校化、女子校化しているだけでなく、男子が多い学校が「一流校」だという序列が存在している場合もあった。つまり単に、女子と男子の進学先が分離していく現象が見られるだけでなく、それには序列化も伴っていたことになる。そしてこのような指摘は、一九五五年度以降も続いており、ここで引用した府県だけでなく、青森、秋田、埼玉、千葉、富山、奈良、兵庫、和歌山、徳島、香川、熊本などについてもなされていた(3)。

しかも、男女共学において起こっているこのような変化は、新聞などでも多数指摘されていた。最初に紹介した、一九五三年一二月六日の『朝日新聞』の記事「動揺する男女共学制度」でも、次のように述べられている。「旧中学……へ進む女子の場合は、優秀な男子生徒にまじって、大学へ進学しようとする上級学校志望者が大部分であるため、共学による良い点こそあれ、共学のための弊害はあまりないといってよい。ところが、旧高女の方に入学する男子の方は、旧中学をあきらめたかなりレベルの低い生徒が多いといわれ、女子との学力差も大きく、大勢の女生徒にまじって、かなりみじめな学校生活を送ることになる」。

ここからうかがえるのは、旧制中学校と旧制高等女学校という、前身校を引きずった高校の序列意識の存在である。そのため、別の新聞記事では、「大学進学を志望する女子はなるべくもとの男子校にはいろうとする。そこでもと男子校ともと女子校の間で進学率の差が現われるようだ(4)」という指摘もなされていた。その他、『時事通信・内外教育版』にも、「旧女学校の普通課程高校において、男生徒応募数が激減の一途をたどり、事実上男女別学となるなどの問題が各地で起つている」(5)、「高校のなかに、ごくしぜんに新しい現象がおこつていることも歴然とでている――昔の男子中学は『男子高校』へ、昔の女学校はしだいに『女子高校』へ……というよりのもどるような現象である」(6)(……及び傍点は原文のママ)という指摘が掲載されている。伝統的な学校であるほど、男女比がアンバランスになる傾向があったようだ。

一九五五(昭和三〇)年には、国会でも男女別学化の動きが話題となり、第二三国会衆議院文教委員会で、文部省初等中等教育局長の緒方信一は次のように答弁している。「男女共学がくずれておるという地方はあまりないのじゃないか。ただしかし……自然女学校が変った高等学校の方には女生徒が多く、中学校の方には男生徒が多い。こういうような傾向のある地方は別にあるようでございますが、男女共学制といたしましては、大体全国的に同じ歩調で進んできている、かように考えます」(7)。男女共学はさほど崩れてはいない、別学化の傾向は全国的な傾向ではないと言いつつも、このような現象がおきていることを文部省として認めていたことになる。

最初に述べたように、別学化の動きにもかかわらず、共学校が増加しているという新聞報道もあり、総体としては、さきほどの統計からもわかるように、一九五〇年代半ばに、一挙に別学化が進んだとはいえないだろう。しかし、統計数字からは浮かび上がってこないものの、当時にあっては、これらの別学化の動きは目立つ出来事であり、特筆すべき事態であると認識されていたことがわかる。そしてその後も、次のような内容の記事が掲載されている。「高等学校で共学が崩れるという逆コースの傾向が現われはじめた。……もとの旧制中学校に男子が、旧制女学校に女子が集まりはじめたのが最近のいちじるしい傾向だ。特に有名校に多い[8]」。「校門をはいるときは、いっしょ。しかしクラスの編成は男女別々、という中途半端な高校がある。また、共学の看板をかかげていながら、実際は男子だけ、あるいは女子だけしかいない高校もある。そして、この種の高校の数が、だんだんふえていく傾向が、各地でみられる[9]」。

また、一九六三（昭和三八）年の第四三国会においても、次のように、別学化の問題が議論されていた。「最近高校等におきまして、男女共学という線がくずれてきたということも、すでに御承知の通りでございます。ということは、今まで男女共学をうたって参りまして、実績を上げてきておりながらも、その設備あるいは教育の内容、そういう点におきまして、最近は男の子は男の学校へ、女の子は女の学校へというふうな声もあがってきておったわけです[10]」。

つまり、戦後教育改革によって男女共学が実施されたものの、高校においては、それはなかなか安定的な制度にはならなかったのである。後で述べるように、一九五六年には清瀬一郎文部大臣が、共学を見直すべきだという発言も行っていた。いったい共学のどこに「問題」があるとされ、なぜ別学への志向性が存在し続けていたのだろうか。

たとえば、青森県の旧高等女学校であったケースについては、次のような指摘が存在している。「これら学校は建前は男女共学であつても、教育設備、職員組織等の内容は、旧女学校当時とあまり変らないことや、旧女学校の伝統があるためどうしても女生徒数が多いことなどから、男生徒の応募数は激減の一途をたどってきた[11]」。つまり、学校の設備などが共学を実施するために整備されていなかったことや、伝統への回帰があったことがわかる。後者の点に関しては、先に引用した甲府のケースにもあてはまるだろう。

また、前者と関連するが、岐阜県知事は次のように発言していた。「自分は県の予算という経済的な立場から、分けられるところは男女別学にしてほしいと主張したい。つまり一つの市に二つの高校がある場合、共学だと男女両方の設備が二つの学校に必要だ。これを男は男だけ、女は女だけに分ければ経費の節約になる[12]」。戦後初期において男女共学の方が財政的な節約になると主張されていたことを考えれば、同じ節約の論理が、まったく逆方向の結論を導いていることが興味深い。ただ、当時の議論を検討していけば、このような論理で共学への批判がなされ、別学化の傾向が生じていたわけではなかった。実は、共学への批判は、もっぱら風紀問題の視点からなされていたのである。

## 二　風紀問題という視点

教育基本法の男女共学条項の審議経過をみても明らかなように、思春期の男女がともに学ぶことへの不安や風紀問題への危惧は、男女共学を実施するにあたってもっとも根強い反対理由であった。

それゆえ文部省は、社会教育局長名で一九四七（昭和二二）年一月に、純潔教育の推進を指示した「純潔教育の実施について」を各都道府県に通達し、以後、純潔教育懇談会が活動を終える一九六三（昭和三八）年まで、一六年間にわたり文部省主導の純潔教育施策が進められていくことになる（田代 2003）。しかし風紀問題への危惧の念は、時間が経過してもなかなか解消することはなく、一九五〇年代に入っても、共学廃止論と結びつきながらことあるごとに議論されていった。

たとえば、一九五二（昭和二七）年二月の『時事通信・内外教育版』は、文部省が中学や高校における便所、更衣室、保健室などの男女別設置案や男女交際の手引き書を刊行したという記事を掲載している。便所などの男女別設置はごく当たり前のことだと思うのだが、ここで興味深いのは、これらの政策に対して『時事通信・内外教育版』が次のようにコメントしていることである。「これは、さい近高中学校生徒の間に続発している性道徳びん乱事件にかんがみてとられる対策であるとともに、これらが現在の男女共学制の欠陥であるとみる一部の共学廃止論を否定する文部省の意図であろうとみられる」[13]。

ここからは、風紀問題を理由とした共学廃止論が当時存在しており、文部省がそれをかなり意識していたことがわかる。そしてこの問題は、二ヶ月後の第一三国会の衆議院文部委員会でも取りあげられ、小林信一（社会党）は、高校生で人工妊娠中絶手術を受けた者が多数いるという事実について次のように語っている。「一般父兄は、男女共学からしてこういう問題が起きておるのだ、そういうことが言われておるのです。ぼくらは、かえつて男女共学がそういう弊害を除去することに大きな役割を持つておつて、そういうことはないと思いますが、しかし、こういう問題については、はつきりした究明がなされておらないか。一般の誤解は非常に大きいのですが、こういう問題も、文部省としてはどういうふうにお考えになつておりますか」[14]。

少し補足しておけば、人工妊娠中絶手術を一定の条件の下に認めた優生保護法（一九四八―一九九六年）は、一九五二年五月までは指定医制度ではなく、手術の適否についての審査を行う優生保護審査委員会制度をとっていた。そのため、手術を申請した者の属性が委員会で把握できたのであり、中学生や高校生が手術をうけていることが社会問題化していた。

このような現実に対して、それを男女共学の結果ととらえる見方が存在する一方で、反対に、男女共学こそがこのような現状を変えることができるとする意見も存在していたことが、この小林の発言からうかがえる。現代に生きるわたしたちは、たとえ中高生が性行為を行い、人工妊娠中絶手術を受けることがあったとしても、それと男女共学とを結びつけてとらえたりはしないが、この当時はそうではなかったこと、それほど共学というものに対する抵抗感が大きかったことがわかる。

そしてこの小林の質問に対する天野貞祐文相の答弁は、次のようなものであった。「こういうことが男女共学から来たという論も……絶無とは言えないだろうと思います。……ほんとうに男女の関係を健全にするとか、女性というものが、ほんとうの意味において人間として完成されるとか、そういうことのためには男女共学というものがよくて、……けれども、これをしいる考えはちつともない」[15]。

つまり、男女共学と性の「乱れ」とは無関係とはいいがたいこと、「健全な」男女の関係性や女性の人間的な完成のためには共学が役立つこと、しかしそれを強制するつもりはないこと、これらが天野文相の見解であった。共学の意義を認めるといいつつも、文相には積極的に共学を推進する意思がないことがわかる。ただここで興味深いのは彼が女性の人間的な完成を問題にしていることである。彼はこの発言の前年にも、「私どもは教育によつて女性の教養の水準を男性程度に高めよう、それが唯一の男女同権の根源になる」[16]と述べていたが、この二つの発言を考え合わせれば、彼にとっては女性こそが「問題」であり、男女共学とは、女子教育を男子教育程度まで引き上げ、女性の地位を向上させることを意味していたといえるだろう。それゆえ彼は、男女共学が「弊害」を生むと認識しつつも共学を否定しなかったと思われる。

国会でこのようなやりとりがあった二ヶ月後、『教育』は男女共学に関するいくつかの論考を掲載している[17]。そこでもまた、中学生の妊娠中絶事件、高校生の心中事件や家出事件、桃色遊戯（後のいわゆる不純異性交遊）、小学生にまでもパンパンごっこの流行、などの問題が起きていること、マスコミがその原因を共学に求めるとともに、純潔教育を何もしない学校当局も自己弁護の具に共学を理由としてあげていること、教師や親がそれに共鳴していることが指摘されていた。

一九五二年には、青少年の性非行が男女共学と結びつけられて論じられていたのである。そしてこのような状況をうけてのことだと思われるが、一九五二年、文部省は全国の教育委員会に対して、風紀問題の有無や、共学と風紀問題との関係性について調査を行っている。その結果を要約すると、数があわないが、次の通りになる。

中学や高校の性的な風紀問題について

四四都道府県のうち、問題になっていない一八道県、表面には出ていないが相当問題がある一七府県、新聞にとりあげられている一三府県、相当に問題になった一県

共学と風紀問題との関係について

四一府県のうち、関係なし三三県、少し関係二県、関係あり四県、共学より社会状勢の方に原因がある九県、大いに指導を充実しなくてはならない六県(18)

これからみる限りでは、教育委員会が風紀問題があると認識しつつも、それと共学とを必ずしも結びつけてはとらえていないことがわかる。ただ、両者を関連づけてとらえている人々がいたことは事実であり、それらの人々の存在を共学推進派が意識しなければならなかったことが、当時の状況であった。

そして風紀問題の視点から男女共学を議論する見方は、一九五五(昭和三〇)年の第二二国会参議院法務委員会においても存在していた。すなわち松村謙三文相が「男女共学などということは、これは純潔教育が完全に行われ得るということを前提としないならば危ないです」と発言したのに対して、中山福蔵(自民党)は「男女共学というのは、やはり性の問題について非常な悪い影響を

及ぼしておる」と述べている。[19] これらの意見に対して宮城タマヨ（緑風会）は、「女子だけの貞操問題というようなことは考えられません」[20] と述べ、性の問題がとりわけ女子に対する非難を生み出していることに異議を唱えていた。

このような議論の延長上に登場してきたのが、清瀬一郎文相の共学を再検討したいという発言である。一九五六（昭和三一）年七月一〇日、清瀬文相が「『男女共学は弊害があるので、考慮すべき段階にきている』と語り、……文相は男女共学のどこに欠陥があるかについてはハッキリ言わなかったが、国情にもあわず、とくに中学校の上級生以上には悪い影響が少なくないとしている」[21] という新聞記事が報道された。清瀬発言は、当時、社会問題化していた「太陽族」の存在に触発されて行われたものであり、彼自身は、調査しなければならないと言っただけだと、国会ではこの発言を打ち消すのに躍起になっている。[22] ただ清瀬発言をきっかけとして、従来から根強くあった、風紀問題を理由とした共学反対論が一挙に噴出し、新聞や雑誌、国会では議論が沸騰していった。けれども結局、同年八月に清瀬文相が男女共学を廃止したり、教育基本法を変えたりするつもりはないと述べたことによって議論は沈静化していった。[23]

そしてこれ以降、風紀問題の視点から共学の可否を論じる見方は、ほとんど目にすることができなくなっていくのである。国会会議録や新聞記事などを検討した限りでは、一九五〇年代後半において風紀問題と共学との関係を論じているのは、一九五九（昭和三四）年の第三二国会衆議院地方行政委員会青少年補導に関する小委員会における川村継義（社会党）の次の発言のみであった。「男女共学をしておるから、たとえば性的な犯罪を犯すような動機を作るとか、あるいはそういう男女交際のそれが乱れておるとか、これは必ずしも言えないようであります」[24]。この発言は、風紀問題と共学との関係を否定するものであり、しかもこれに対する反論は何もなされていない。このような発言があるからには、男女の性の「乱れ」を共学の問題と関連づける見方がまだ存在していたのだろうが、一九五六年以降は、それはもはや公然と語られるものではなくなっていたのだろう[25]。ただし蛇足ながら付け加えておくと、風紀問題が共学と結びつけて、公然とは論じられなくなったということであり、風紀問題自体はこれ以降も性的非行という文脈において語られていく。渋谷知美によれば、一九五〇年代半ば以降、不純異性交遊という概念が成立し、それは、とりわけ女子に偏って問題化されていった（渋谷 2005）。

以上述べてきたように、一九五〇年代に入ると、男女共学に異議を申し立てる主張が起こり、男女共学制度が揺らいでいたことがわかる。では、このような状況に対して、共学支持派はどのような主張を展開していたのだろうか。すでに述べたように、性道徳の「乱れ」が共学によってもたらされたとする共学反対派に対して、共学支持派は共学こそがこのような「弊害」を除去しうると主張していた。しかし共学支持派の論理はこれだけではなかった。

一つは、女子教育のレベル・アップのためには共学が必要だという主張である。戦前の中等教育における男女別カリキュラムから一転して男女共学になったのであるから、男子の学力、女子の学力という問題関心が生じたのは無理からぬことであろう。そして共学と学力との関係に対する認識は次のように多様であった。「教育が女生徒中心となって男生徒の学力が低下するとかいう問題も生じてきた」[26]「学力低下は共学の責任でない」[27]「共学は女子の学力によい影響を与えているものと思われる。男子の学力に与える影響は少ないようであるが、伸びるべき女子が十分伸ばされることは望ましいことである」[28]。このような状況の中で、共学支持派は、次に引用するように、女子の学力向上という観点を前面に出し、男子の問題にはまったく言及しなかったのである。「現代の日本においては女子の学力を正当にのばすためには男女共学が絶対に必要で、男女別学にしたならば、女子の学力がしだいに落ちていくであろうことは、確実に予言できると思う」[29]。そしてこのような考え方の背後には、次のような女性観、女子教育観が存在していた。

古い封建時代に男尊女卑の思想によって社会の日蔭者にされ、下積みにされて……人間としての能力を発揮することができず、従って自らを卑下していた女子が、男子と同じ条件で教育されるということは、女子の自重心を高め、それが人格教育の上にも、且つまた学問や教育の上にも飛躍的な好結果をもたらしてくる。だから民主的な近代市民社会を建設するに必要な男女平等・男女同権の精神は共学制によって打ち立てられる。……（男女共学は――引用者）民主的な文化国家を建設するのに、欠くことの出来ない基礎工作である。[30]

この文章を執筆しているのは長田新であるが、彼が主観において女子教育の向上を願っていたことは間違いないだろう。しかしこの文章を読むと、やはり彼が男子と同じ条件で教育を受けることを無前提に「善」と判断し、男子の教育水準に女子に対する教育を近づけるという発想をしていたことがわかる。つまり、男女共学を女子教育の向上という観点から支持する論理には、男子の教育のあり方を相対化して考え直そうとする視点はなかったのである。男女共学問題が、男子にとっての問題ではなく、女子にとっての問題として認識されていたことはすでに指摘した通りであるが、それは一九五〇年代半ばにあっても変わりなかった。

さて、もう一つの共学支持派の論理は、次のようなものであった。「男子は女子の中にあってこそ、男性としての特徴と美点とを伸ばし、女子は男子の中にあってこそ、女性としての特徴と美点とを伸ばすのだ。……その長所・短所を相互に理解するために、共学は頗る効果がある[31]」。「男女両性が共存しているのが社会の常態である。両性の理解と協力のうえに成り立つているのが現実の社会生活である。すべての社会生活は男女の分業と協力によつて営まれているのが普通である。この大きな前提のうえに立つことが何よりも大切であろう。……男女を一方が男であり他方が女であるというそれだけの理由で分けへだてて教育しようとするのが根本的におかしいのである[32]」。これまたおなじみの、男女それぞれの特質を伸ばし、理解しあうためにこそ共学が必要だとする論理である。これは共学によって男女が「中性化」するという批判に対してなされたものであった。

ここでいわれている特徴や美点とは、性質や性格などの「男らしさ」や「女らしさ」を主にさしていると思われるが、すでに指摘した通り、当時にあっては、男女が性格などにおいて大きな違いがあることは自明視されていた。つまり、男女を対極的な存在とみなす戦前の男女観を継承し、その上で、それを男女共学を求める論理に転換したことがわかる。しかし考えてみれば、これは危うい論理である。なぜなら、男女を対極的な存在とみなすがゆえに、男女別学、あるいは男女で異なる教育を求める論理と、根本において男女観を共有しているからである。そういう意味では、この論理がどこまで別学論に対抗しうるかよくわからない。そして男女の違いに関する議論の焦点が、「女らしさ」や「男らしさ」から性別役割へと移り、別学化が話題になりはじめる一九五〇年代後半になると、男女は異なるがゆえにともに学ぶべきだとする論理は影を潜め、これは別学を導き出す論理となっていくことになる。そして一九五〇年代後半から一九六〇年代にかけては、風紀問題でも、「女らしさ」や「男らしさ」の喪失でもなく、まさに性別役割がもたらす男女の進路の違いこそが、共学問題の中心テーマとなっていくのである。それはどのようなものだったのだろうか。

## 三　女子の特性教育という視点

### 1　コース制の採用

男女共学とは、同一の教室で同じ教師から同一の授業を受けることを意味しているが、風紀問題の視点からの共学見直し論が同一の教室で男女が授業を受けることを問題にしていたのに対して、同一の授業という点から共学を問題視する見方もあった。そしてその声は、家庭科教育関係者の中からまずあがっている。

第五章において詳しくふれるが、高校の家庭科という教科は、発足当初においては、女子が履修するということを念頭におきつつも、一応、男女ともに選択できる選択教科として存在していた。しかし一九四九（昭和二四）年四月から家庭科の授業が開始されてみると、家庭科の教員たちが期待していたほどには女子が選択せず、また選択者の大半が女子であるために、授業時間割を運営するうえでも問題がおきていたという。[33] それゆえ、これらのことに不満をもつ家庭科の教師たちは、一九五〇年代に入ると家庭科の女子必修運動を展開していくことになる。一九五〇（昭和二五）年三月に全国家庭科教育協会が結成され、ここが必修化運動を担っていくが、一九五二（昭和二七）年三月一九日、全国家庭科教育協会と東京都高等学校家庭科教育研究会は、家庭科の女子必修を求める請願書を国会へ提出した。そこには次のように述べられていた。

一　家庭科は自由選択教科であるため女子でも在学三ヶ年間に於て全く履習（ママ）しないで卒業する者が逐年増加の傾向にある。これは女子教育上誠に遺憾に堪えない。

（略）

三　日本の文化国家建設のためには社会の単位である家庭が健全であることが必須条件である。
そのためには家庭科教育が重視されなければならない。
然るに知識偏重の思想は、男女共学男女機会均等などの新教育の名のもとに益々その度を加え、高等学校の教育目標である「高等普通教育」は偏頗となり、斯くては本質的な女子教育はどこでなされるであろうか。……

四　大学進学者といえども高等学校の時代に最低限の家庭科を履習《ママ》することは男女の特質を生かすことでこそあれ、男女の本質的平等をおかすものではない(34)。

すなわち、男女共学や機会均等の名のもとに行われている教育には知識偏重の傾向があり、その結果、「本質的な女子教育」や「男女の特質を生かす」教育がおろそかになっているというのである。ここでの主眼は家庭科の女子必修化であり、共学の問題を直接的に論じているわけではないが、それでも、男女共学教育が女子に対する教育と対立しあうものとして理解され、問題視されていることに注目したい。ただ、このような認識は存在していたものの、家庭科の問題がすぐさま共学の見直しへと直結していったわけではなかった。

また、女子の特性を活かす教育の必要性は、一九五〇年代後半において、農村地帯の女子の高校進学率を引き上げる、という問題意識からも主張されていた（朴木 1984、佐々木 1987、土屋 2005）。すなわち、男女共学の教育は、「女子の特性を生かし女子の進路にふさわしい教育の在り方についての関心や研究が、必ずしも充分であったとはいわれない」し、「性別により進路に相違のあることを考えずに形式的に、進められた傾向がある」というのである(35)。それゆえ、女子の特性教育の追求こそが、女子教育の振興につながると主張されることになるが、農村における女子教育の状況を考えた場合に、この主張を単純に退けることができないことは明らかだろう。共学か別学か、女子の特性教育というものをどう考えるのか、ことはそれほど簡単な問題ではなかった。

ところで、清瀬文相発言に揺れていた一九五六（昭和三一）年八月、『時事通信・内外教育版』は、「別学制への希望が大学進学の問題にからんでいること、一般が問題視している風紀上のことは、事実としてほとんど無関係である[36]」という指摘をしている。風紀問題ではなく、大学進学問題、つまり男女生徒の進路の違いが、別学への志向性を強めているというのである。また、共学校でありながら、成績の良い男子生徒（進学組）と成績の悪い女子生徒（就職組）とを分けてクラス編成がなされている場合があることを伝える記事もあった[37]。

しかし考えてみれば、期待されている役割や高校卒業後の進路が男女で大きく異なっていることは、当時にあっては当たり前のことであり、何もこのころから顕在化しはじめたことではなかった。それがなぜ一九五〇年代半ばになって別学（別クラス）への志向性と結びついて論じられるようになったのだろうか。実はそれは、一九五五（昭和三〇）年一二月に行われた、高等学校の学習指導要領の改訂と関係していた。

この学習指導要領の改訂は、一九五二年一二月の文部大臣による教育課程審議会への諮問、一九五四（昭和二九）年一〇月の教育課程審議会「高等学校教育課程の改善に関する答申」、翌年二月の第二次答申、同年六月の第三次答申に基づいて行われたものである。一九五四年の答申では、「改訂の方針」が明らかにされているが、そこには次のような方針が述べられていた。普通課程では、「上学年に進むにつれて生徒の進路、特性等に応じて分化した学習を行いうるようにすること」、「生徒が自由に科目を選択履習《ママ》するたてまえを改め学校が定めるコースのいずれかを生徒が選択履修することをたてまえとすること」、「芸術、家庭および職業に関する教育を充実すること」(38)。

これらの答申をうけて、一九五五年一二月五日に『高等学校学習指導要領　一般編』が出され、翌年四月から学年進行によって実施されていく。この学習指導要領の特徴は、何といっても、コース制（進路に合わせた類型的な学習）が採用されたことであり、生徒は個性や進路に応じて、分化した学習を行うことになった。また家庭科に関していえば、翌年の『高等学校学習指導要領　家庭科編』において、「女子については、家庭科の4単位を履修させることが望ましい」(39)とされた。

この学習指導要領の改訂に関して、文部省初等中等教育局中等教育課は、コース制と男女共学制との関係について次のように説明している。「男女共学を変更しようとする意図はもっていない。こんどの改訂でも、男女共学の線を維持するために苦心した（たとえば家庭科の扱い等）。コースを男女別に作ることは予想していない。それを行うことは普通の場合よくないと考える」(40)。教育課程審議会答申は「生徒の進路、特性等に応じて」としか表現しておらず、あからさまに男女別カリキュラムを提唱してはいない。しかし、高校卒業後の生徒の進路が男女で大きく異なっていた当時にあって、コース制の導入が男女別カリキュラムを帰結するのではないかという危惧が抱かれることを文部省は予想していたのであり、だからこそ、このような説明を行ったのだろう。そして一九五五年七月、第二二国会の衆議院文教委員会でも、科目選択制からコース制に切り替われば男女共学はどうなるのかという質問が出されている(41)。

また、新しい学習指導要領が発表された直後の、一九五五年一二月一二日の第二三国会参議院文教委員会で、矢嶋三義（社会党）は、「教科課程の改訂をやれば、これは教育の編成からいって男女共学というものは事実上できなくなる。……男女共学を育てていきたいという立場に立てば、私は今伝えられるところの教科課程の改訂というものはまだまだ検討の余地があると思うのです(42)」と述べ、学習指導要領の改訂を再検討すべきではないかと質問している。これに対する緒方信一（文部省初等中等教育局長）の答弁は次のようなものだった。「男女共学をこわさないために家庭科というものだけを取りはずして、必修ということに今度定めなかったのであります。家庭科、職業科、芸能科、この三つを組み合せまして各単位を必修する、かような制度にいたしましたことは、男女共学を保持していきたいという観点から工夫をいたした点であります(43)」。

このように、緒方はコース制が男女共学に与える影響については何も述べないで、もっぱら家庭科のみに言及し、家庭科は必修でないから問題がおこらない、共学を保持したいから工夫したのだと語っている。しかしこれはまったくの建前論であるにすぎず、現実には次のような問題が存在していた。「改訂教育課程のコース制がはっきりしてくると、旧中学、旧女学校の色合いははっきりわかれてしまうとみられている……共学の是非ということより、生徒の履修にどのくらいの選択の巾があるか、という点であまり巾をもたせられないようになると、いきおい男女別学校にならざるを得ないようになる(44)」。

つまりコース制の導入によって、男女共学問題は、男女の進路の違いに基づく学習内容の選択と密接に関連する問題として位置づけ直され、男女共学問題の位相は質的に変化したのである。ただこの時点では、あくまでも「生徒の進路や特性」という抽象的な言い方がなされているにすぎず、したがって性別の問題も前面に押し出されてはいなかった。しかし次の学習指導要領の改訂時には、もっと具体的に進路や特性が語られるとともに、性別も意識され、それゆえ、男女共学のありようもより重大な問題として論じられていくことになる。

## 2　女子の分化

一九六〇（昭和三五）年一〇月に新しい学習指導要領が出されたが、これは、一九五九（昭和三四）年七月の教育課程審議会への諮問と、それに対する一九六〇年三月の答申をうけて行われたものである。諮問に際して松田竹千代文相は、次のように諮問の趣旨を説明している。

高等学校の生徒は、その能力から見ても、おかれている境遇や将来の進路などから見ても、さまざまなものを含んでいることであります。知的能力の高い者低い者のあることはもちろん、学業に専念できる全日制の生徒や、勤労のかたわら勉学する定時制、通信教育の生徒もあります。また卒業後の進路についても、ある者は大学に進学し、ある者は産業界の中堅となり、またある者は家庭にとどまるなど、千差万別であります。このような生徒の能力、適性、進路の多様性と、国家社会の要請の複雑性とに応ずるためには、高等学校は、各課程ごとにその特色を明確にするとともに、また生徒の能力や適性に応じた教育をいっそう強化していく必要があろうかと存ずるものであります(45)。

これは、説明されている三点の諮問趣旨のうち、最初に述べられていることであるが、ここでは、生徒の能力、適性、進路の多様性に対応した高校教育の多様化の必要性が明確に語られている。とりわけ「家庭にとどまる」という表現は、女子を意識したものだろう。そして出された新しい学習指導要領は、従来のコース制をさらに徹底したものとなり、普通科と職業科で、教科・科目の履修方法が異なるだけでなく、科目によっては、同じ科目であっても、単位数の異なるA・Bの両科目が設けられていた。また女子には、特別な事情がある場合を除いて、家庭科の四単位履修を義務づけている。

つまり、高校教育の多様化が推し進められていく中で、多様化の一つの指標として性別が取り上げられていったのである。そしてそれは、男女共学の実施を危うくしかねないものであり、特性教育の追求と男女共学との両立の難しさは、文部当局によっても自覚されていた。一九六〇年版の学習指導要領は、一九六三（昭和三八）年四月より学年進行によって実施されたが、この年の二月二〇日、第四三国会の衆議院で福田繁（文部省初等中等教育局長）は、高等学校における特性教育の強化について、次のように発言している。

特に高等学校の教育課程の改正によりまして、従来よりも女子は女子の特性に応じた教育、あるいは男子は男子の特性に応じた教育というものを強めて参ります結果、ある程度教育内容あるいはやり方につきましていろいろ工夫をしないと、必ずしも男女共学がうまくいかないというような面ができて参っておりますことは事実でございます。従って、直ちに共学をやめるというわけではございませんが、共学をいたします場合におきましても、そのやり方、男女の割合、受け入れ方について、いろいろ工夫が要るわけでございます。(46)

文部省としても、男女の特性に応じた教育を強化することが、男女共学がうまくいかない結果をもたらすことを認めていたことになる。ここで福田はそうならないためには工夫が必要だと述べているが、どんな工夫をするのか具体的に述べられてはいないし、その後も何か工夫がされたようには見受けられない。ただ当時の学説では、「『両性の本質的平等』の見地からみて合理的であるような男子または女子のみの教科を共通の一般教科に加えて教授することは、男女共学制と矛盾しない」(47)という見解が存在していたので、たとえ性別によって教育内容が異なっていようとも、対処すべき問題とはならなかったのかもしれない。

さてこのように、一九六〇年の学習指導要領の改訂によって、高校教育の多様化が推し進められ、多様化の一つの指標として性別も取り上げられていったが、その結果、女子にふさわしい教育とは何かということも追究されていった。たとえば、一九六二（昭和三七）年一月の『時事通信・内外教育版』は、文部省が中央産業教育審議会に、普通課程における女子教育のあり方と職業課程における家政科のあり方を諮り、その上で女子教育の振興方策を根本的に再検討したい意向であることを伝えている(48)。そしてこの記事が掲載された一〇ヶ月後の一九六二年一一月、中央産業教育審議会は「高等学校家庭科教育の振興方策について」を文相に建議した。

この建議は実に興味深い内容であったが、まず第一に指摘しておきたいことは、「形式的に平等な教育」と「女子の特性に応じた教育」とを対比した上で、後者の必要性、つまり女子のための家庭科教育の充実を主張していることである。次のように述べていた。

> ややもすれば女子の高等学校教育を男子との形式的平等の面からだけとらえ、男女に区別のない同質同量の教育を施すことの面だけが強調される風潮がみられる。しかし、元来男女は、身体的、精神的にも異なるところがあるので、基本的には平等であるという基礎の上に立ちながら、それぞれの特性に応じた教育が必要である。……したがって、とくに女子の特性が顕著に現われ、かつ、近い将来みずから家庭生活を営むという心構えが芽ばえつつある高等学校の段階において、……将来の家庭生活に必要な知識および技術を習得させることを目評（ママ）とする高等学校家庭科教育は、女子にとっては一般教養として不可欠のものであるということができる(49)。

すでに明らかにしたように、共学発足時において、性別を意識しない「平等な教育」と「女子の特性教育」という認識枠組みが存在していた。けれども当時は、家庭科も選択教科であり、女子教育のレベル・アップという観点から、「平等な教育」が重視されていた。しかし一九六〇年前後からの高校教育の多様化という流れは、多様化の一つのあり方として、女子の特性に応じた教育をクローズ・アップさせ、性別を意識しない「平等な教育」は、「形式的に平等な教育」ととらえ直されたのである。

第二にいえることは、女子の特性教育を強調するといっても、単に女子という存在を一括りにして特性教育を主張しているわけではなかったことである。この建議では、普通科、専門的職業教育としての家庭に関する学科、商業科、の三つに分けて家庭科教育のあり方が述べられており、さらに普通科は女子が大学に進学する場合としない場合に分けられていた。たとえば、大学に進学する女子に対しては家庭科の四単位必修、進学しない女子に対しては家庭科の一五単位の履修あるいは家政科の設置の促進が提言されている(50)。この提言は実施されることはなかったが、女子にも多様な進路があることを前提にして、その多様性に応じた特性教育のあり方が主張されていたことは、実に興味深い。この建議は男女共学の問題には言及していないが、男女の特性のみならず、女子の進路の多様性に応じた教育が構想されればされるほど、これを男女共学の下で実施することが困難になることは明らかだろう。

このように、高校教育の多様化の推進は性別に応じた教育を顕在化させていき、男女共学の実施に再考を促す契機となっていったが、ここでもう一つ、全国高等学校長協会が、一九六五（昭和四〇）年に中央教育審議会に提出した、「後期中等教育のあり方」に関する意見書を紹介しておきたい。この意見書の基本的立場は、「元来、男女は心身ともに本質的に異なる面があるので、基本的には平等であるという基礎の上に立ちながら、それぞれの特性や進路に応じた教育が必要である」(51)というものである。その上で、女子教育の重点、女子と職業、男女共学の三点にわたって提言が行われているが、そのうち、男女共学については、次のように述べられていた。

（共学によって――引用者）女子が男子の刺激をうけて学力が向上した半面、男性化して女子の特性が失われるとの批判もある。……今日の時点においては、共学の原則を認めながら、男女ともにその成熟期において、異性との比較や競争心や劣等感などにわずらわされないで、それ自身の完全な成長をはかることを目ざして男子のみと女子のみとあわせて三種類の学校を育成し、それぞれ特色ある学校づくり、人つくりを長期的展望のもとに研究態度をもって実践すべきであろう。とくに共学校にあっては、これまでのような形式的共学ではなく、……男女の特性に適応する指導をするとともに、男女の比率は原則として均等にすべきであろう。(52)

男女共学の教育は女子と男子とが同じ教育を受けることであり、女子にふさわしい教育がとかく軽視されているという観点から、男女共学の問題を論じていることがわかる。このように、一九六〇年前後から、生徒、ひいては女子の特性や進路に応じた教育が強調されていった。もちろん戦前のように、制度上、性別によって別の進路が用意されているわけではなく、戦後においては、教育の機会は男女ともに均しく開かれている。したがって、進路の決定は個々人の選択として現象するのだが、実際問題としては、社会が期待する男女の役割が異なるために、進学組の男子と就職組の女子、同じ進学をめざしていても、四年制大学をめざす男子と短期大学の女子、という分離が生じていた。たとえば、高等教育機関への進学率は、第三章、第四章で詳しく論じるが、一九六〇年において男子一四・九％、女子五・五％であり、男女でかなりの相違があった。また一九六〇年代には男女ともに進学率が急上昇し、一九六五年には男子二二・四％、女子一一・三％、一九七〇（昭和四五）年には二九・二％と一七・七％になり、男女の差は縮まっていく。しかしながら、四年制大学への進学率は、一九六五年は男子二〇・七％、女子四・六％、一九七〇年に二七・三％と六・五％となっており、女子の進学者は、短期大学に吸収されたことがわかる。(53)

高等教育のジェンダー化の問題は次章で詳しく論じたいが、進路や特性に応じた教育の多様化が高校で進んでいけば、それだけ男女別の教育が行われる可能性が高まることになるといえるだろう。その結果、共学校における男女の生徒数の偏り、あるいは別学化という現象が生まれているという指摘がなされることになる。ただすでに述べたように、統計を見る限りでは、指摘されるほどには、共学校における男女数の偏りも、別学化の傾向も顕在化していないのであるが。現実のある面をクローズアップして言説が生み出されていたといえるかもしれないし、男女共学に対する危機感がこのような言説を生み出したと解釈することも可能だろう。

それはともかく、この男女数の偏り、別学（別クラス）化という現象は、一九五〇年代前半から言われていたことであるが、大学進学の問題と関連づけられて言及されるようになったのが、一九五〇年代後半、とりわけ一九六〇年代の特徴であった。しかもその際に、進学する男子にとって、女子生徒は受験勉強の「足手まとい」であるという議論、すなわち女子ブレーキ論が登場してきている。たとえば、「男子が入学試験に成功するためには就職や短大志望の女子は足手まといである。地方によっては男子校、女子校の区別がはっきりし、同一学校のなかでも男女別の学級がつくられる傾向もある」[54]という記事がある。これ以外にも、受験中心の高校は女子を歓迎しない、就職組の女子を抱えていると進学率が低下する、受験準備のためには、男女をクラス分けした方が能率的、効果的だ、という指摘もなされていた[55]。男子並みの進学をめざさない女子は、まるでお荷物扱いである。もちろん、男子の中にも進学する者もいれば、しない者もいるし、進学しない者の方がむしろ多数派であった。にもかかわらず、進学する男子の「足手まとい」として語られるのは、進学しない男子ではなく、就職したり、短期大学へ進学する女子なのである。ここにもジェンダーの非対称性が存在するといわざるをえない。

考えてみれば、もともと男女共学とは、男子が享受していた教育機会や教育水準に女子を参入させることを意味していた。だからこそ、男子の教育にブレーキをかけるとされる女子の存在は歓迎されなかったのであろう。今や女子生徒は二分され、男子並みの進学をめざさない大多数の女子生徒は、共学教育から排除される対象とみなされはじめていった。その結果、共学教育とは男子を基準としたものであるという、共学教育の内実が顕になっていくとともに、大学へ進学する男子にとって共学とはマイナスの価値をもつものとして意味づけられたのである。

戦前において、女子のための教育は、理念的にも、制度的にも、男子のための教育と明らかに異なる原理に基づいて行われており、それは、男子の教育を基準としてみれば、低レベルの教育というるものであった。それゆえ戦後に行われた女子教育改革は、女子にも男子と同様な教育機会や教育水準を保証するために行われたものであったといっても過言ではない。そしてこのことを象徴するものが、男女共学の実施であり、男女共学の教育は、女子教育の向上という観点から価値づけられていたといえるだろう。

このような男女共学に対する意味づけは、共学推進派には一貫して存在していたが、本論で検討してきたことからも明らかなように、一九五〇年代半ばまでは、共学を見直す議論においても共有されていた。このことは、共学の下での男女交際のあり方に不安を覚える人の中にも、共学は女子教育の向上に役立つという観点から共学のメリットを自覚している人がいたことからもわかる。

しかし一九五〇年代半ば以降は、男女共学見直し論議の議論枠組みは変化している。すなわち、女子教育の向上という課題は後景に退き、生徒の進路・特性に応じた教育の追求という課題の下で、男女に「平等な教育」は「形式的に平等な教育」ととらえ直されて、「女子の特性教育」が追求されていったのである。性別役割の相違は、男女の進路に応じた教育、女子の特性教育の追求を生み、それは別学（別クラス）化、共学における男女比のアンバランス化を論理的に帰結している。その結果、共学教育は女子教育の向上という文脈からではなく、性別役割——進路や特性に応じた教育・コース制という文脈において議論されるものへと変化していった。しかも、このような共学見直し論議の論理は、男女共学を推進する論理と真っ向から対立するものではなかった。なぜなら、第一章で検討したように、男女共学は男女の違いを理解し、尊重しあうものとして意義づけられており、男女の性別を意識しない「平等な教育」と女という特性を意識した「女子向きの教育」という認識枠組みで、当初から共学教育が語られていたからである。男女の特性の相違は、別学の論拠にも、共学の論拠にもなる、いわば両刃の剣であったが、特性の相違の内実が性別役割へと焦点化されていくにともなって、それは別学を導き出していった。

そして注目すべきことは、このような共学をめぐる議論の枠組みの変化が、男子と同様に大学進学をめざす少数の女子とそうでない大多数の女子という、女子の分化をもたらしたことである。四年制大学への進学をめざす女子こそが、共学教育に親和性がある存在となり、そうでない大多数の女子は、共学教育において「足手まとい」とみなされていった。

男女共学の実施が、戦前における性による教育上の差別の是正であり、女子教育の向上を意味していたことは間違いない。しかしそれは男子を基準とした教育への女子の参入であり、男子教育を基準とする見方は揺るぎないものとして存在し、その相対化が図られなかったことも事実である。

それゆえ、特性の追求は女子の特性の追求となり、男子の進路も多様であるにもかかわらず、女子が男子教育の「足手まとい」とみなされて排除されるなど、常に女子のありようが「問題」とされていった。しかも他方では、戦前と異なり、少数ながらも「男子並み」の進路をめざす女子には、それを保証する体制も存在していた。男女共学の教育はジェンダーと無関係で中立的なものであるように見えながら、実は男子を主眼において構成された、男子生徒により親和性のあるものであったがゆえに、「男子並み」の進路をめざす女子生徒が、男女共学を享受できる存在となっていったといえるだろう。そういう意味では、教育のありようが、戦前における女子教育と男子教育という二つの原理の並存から、男子教育を基準とし、それでもって女子に対する教育も意味づけるという構造へと変容したのである。

注

（1）先に引用した新聞記事には、福岡県で別学化した中学は築上郡千束中学とあり、長田は築上中学としているが、両者は恐らく同一の学校と思われる。

（2）文部省初等中等教育局『公立高等学校入学者選抜実施状況に関する調査報告書』一九五四年度版、一五四―一五五ページ。

（3）たとえば、一九六一年度の報告書では、次のように指摘されている。

千葉――旧制の中学から高等学校になった学校では、女子は少数（進学希望者が多い）で、旧制の女学校から高等学校になった学校では男子が少数である。

富山――都市のいわゆる優秀学校では、男生徒に比重をおいた男女のアンバランスが生ずる傾きがあり、周辺の学校には女生徒に比重をおいたアンバランスが生じようとしている。
奈良――片寄りの傾向が出る原因としては……いわゆる有名校に男子生徒が集中する等の理由が考えられる。特に男子生徒の比重が低い普通科の2校……は旧制の女子高校で、一度女子高校化すると男子生徒が志願を敬遠するようになって、さらに女子高校化する傾向が助長されるようである(前掲『公立高等学校入学者選抜実施状況に関する調査報告書』一九六一年度版、六六―六七ページ)。

(4)「学生と先生の立場から」『毎日新聞』一九五六年七月二〇日(夕刊)。

(5)「〝男女共学〟に批判の声」『時事通信・内外教育版』一九五四年一一月一六日。

(6)「各県は、どう対処する」同、一九五六年三月二三日。

(7)第二三国会衆議院文教委員会会議録第六号、一九五五年一二月一五日。なお、国会会議録からの引用に際しては、国会会議録検索システム(http://kokkai.ndl.go.jp/)を使用し、テキスト部分は対応する会議録で間違いがないか確認した。以下同じ。

(8)「崩れ行く高校の男女共学」『朝日新聞』一九五六年五月二日。

(9)「男女共学論(下)」同、一九六一年一二月一日。

(10)第四三国会衆議院予算委員会第二分科会会議録第四号、一九六三年二月二〇日。これは、本島百合子(民社党)の発言である。

(11)前掲「〝男女共学〟に批判の声」。

(12)「動揺する男女共学制度」『朝日新聞』一九五三年一二月六日。

(13)「男女共学の助長に対策」『時事通信・内外教育版』一九五二年二月一二日。

(14)第一三国会衆議院文部委員会会議録第一八号、一九五二年四月一八日。

(15)同。

(16)　第一〇国会衆議院予算委員会会議録第一四号、一九五一年二月一三日。
(17)　一九五二年六月の『教育』には、座談会「男女共学をめぐって」、鈴木庄三郎「男女共学における教師の問題」、加藤地三「共学の存続をおびやかすもの」、が掲載されている。
(18)　日本教職員組合教文部『男女共学問題についての資料』一九五六年、二五ページ。
(19)　第二二国会参議院法務委員会会議録第二一号、一九五五年七月二七日。
(20)　同。
(21)　「男女共学廃止を考慮」『朝日新聞』一九五六年七月一一日。
(22)　第二四国会衆議院文教委員会会議録第四七号、一九五六年七月一六日、参照。
(23)　「新教委へ干渉するな」『朝日新聞』一九五六年八月二一日、参照。
(24)　第三二国会衆議院地方行政委員会青少年補導に関する小委員会会議録第二号、一九五九年九月一一日。
(25)　ただ性的な視点からの男女共学に対する危惧の念は一九六〇年代になってもあったようで、「監視つき名ばかりの男女校」『朝日新聞』一九六四年九月二七日、という新聞投書にそれを見てとることができる。
(26)　前掲「〝男女共学〟に批判の声」。
(27)　富岡淳「共学制の持続に積極的たれ」『時事通信・内外教育版』一九五六年三月一六日。
(28)　「男女共学か、別学か」同、一九五六年一二月二五日。
(29)　落合矯一「高等学校入学者学力検査成績と入学後の成績における男女差ならびに女子の大学進学状況」『中等教育資料』一九五五年八月。
(30)　長田新「男女共学をめぐって」『教育技術』一九五六年九月。
(31)　同。

(32) 飯島篤信「昔ながらの差別観念を排す」『時事通信・内外教育版』一九五六年三月一六日。

(33) 朴木佳緒留と鈴木敏子によれば、千葉県立高校普通科における女子の家庭科履修率は、「一般家庭Ⅰ」六七・八%、「一般家庭Ⅱ」五七・二%、「食物Ⅰ」四六・一%、「被服Ⅰ」七〇・七%、「被服Ⅱ」五六・六%となっている。朴木らはこの数字について、他の教科の履修状況（「日本史」六二・七%、「世界史」六二・七%、「解析（1）」六一・八%、「生物」七九・九%、「英語Ⅱ」八八・四%、「英語Ⅱ」六七・九%）と比べて、「家庭科の履修率は決して低いとはいえない」（朴木・鈴木 1990: 65）と述べているが、戦前の教育経験をもった家庭科教育関係者たちにとっては、問題とすべき低い履修率であった。

(34) 「請願書」『家庭科教育』一九五二年八月。ちなみに全国家庭科教育協会というのは、「全国の小学校中学校高等学校専門学校大学その他における家庭科教員の連絡をなし家庭科教育の充実と進展とを図りわが国家庭生活の向上に資する」（「全国家庭科教育協会規約」同、一九五〇年六月）ために結成された団体である。この請願書は、第一三国会会期中の一九五二年四月一二日に受理され、四月二五日に衆議院文部委員会に付託された。そして請願小委員会の議を経て七月三日に採択され、同日内閣に送付されたという（佐々木享編 1996: 355）。さらに、全国家庭科教育協会は、一九五二年一〇月にも、再度、家庭科の女子必修を求める請願書を提出している。なお、朴木佳緒留は、男性からの圧迫や無理解にさらされていた家庭科教師たちがこのような請願書を提出したことについて、次のように述べている。「家庭科女子必修運動は、ある意味で家庭科教師にとっての『女性解放運動』であったということもできる。しかし、その運動を支える思想はドメスティック・フェミニズムのそれであった」（朴木 2003: 251）。

(35) 谷村信竹「新潟県における女子教育振興策について」『産業教育』一九五八年四月。

(36) 「男女共学制の是非論」『時事通信・内外教育版』一九五六年八月一七日。ほかにも、「崩れ行く高校の男女共学」『朝日新聞』一九五六年五月二日（夕刊）が、「女らしさ男らしさ論議や風紀の心配は、今となってはほとんど取り越し苦労だったことがわかり」と指摘している。

(37) 金久保通雄「男女共学をこう再検討する」『教育』一九五六年九月、「揺れる男女共学」『毎日新聞』一九五六年七月一八日、参照。また前掲「学生と先生の立場から」も、大学進学を希望する女子は、進学率がよい、男子が多い高校に入ろうとする動きがあることを伝えている。

(38) 文部省初等中等教育局小学校課『教育課程審議会答申一覧』一九九九年、一二ページ。

(39) 『高等学校学習指導要領　家庭科編』一九五六年、三ページ。

(40) 文部省初等中等教育局中等教育課「高等学校の改訂教育課程実施上の問題点」『中等教育資料』一九五五年五月。

(41) 一九五五年七月二九日に辻原弘市（社会党）が質問しているが、これに対する文部当局からの返答はなされていない。第二二国会衆議院文教委員会会議録第三一号、一九五五年七月二九日、参照。

(42) 第二三国会参議院文教委員会会議録第四号、一九五五年一二月一二日。

(43) 同。

(44) 「各県は、どう対処する」『時事通信・内外教育版』一九五六年三月二三日。

(45) 前掲『教育課程審議会答申一覧』八五ページ。

(46) 第四三国会衆議院予算委員会第二分科会会議録第四号、一九六三年二月二〇日。なお、この時に福田初等中等教育局長と議論しているのは本島百合子であるが、彼女は男女別学化を女子教育の低下という観点からとらえていた。

(47) 兼子仁『教育法』有斐閣、一九六三年、七四ページ。また有倉遼吉も次のように述べていた。「同一の学年または学級における男子または女子のみに教育上必要な種類の教科または学科を他の一般の教科または学科のほかに加えて教授することは、それが、男女の本質的平等の観念からみて合理的なものであると認められるかぎりにおいて少しもさしつかえないものと解される」(有倉遼吉・天城勲『教育関係法(Ⅱ)』日本評論新社、一九五八年、八四ページ)。なお、この後、兼子説は批判され、彼自身、説を改めている。詳細は兼子仁『教育法(新版)』有斐閣、一九七八年、二六三ページ、参照。

(48) 「男女共学制にも波及か」『時事通信・内外教育版』一九六二年一月一六日、参照。

(49) 文部省『産業教育八十年史』一九六六年、五七三ページ。

(50) 同、五七七―五七八ページ。

(51) 「高校教育の刷新を期待」『時事通信・内外教育版』一九六五年一月一二日。

(52) 同。

(53) 四年制大学や短期大学への進学率は、「性別大学進学率の推移」(http://winet.nwec.jp/toukei/save/xls/L113060.xls)を参照のこと。

(54) 「〝権利〟としての教育と〝役に立つ〟教育」『時事通信・内外教育版』一九六二年二月一三日。

(55) 前掲「男女共学論(下)」、前掲「男女共学制にも波及か」、「〝男子は優先入学〟と勧誘」『サンデー毎日』一九五八年四月六日、「オナゴといっしょはおかしか」同、一九六二年一二月二三日、「崩れゆく高校の共学」『朝日ジャーナル』一九六五年六月六日、「ゆらぐ高校の男女共学」『朝日新聞』一九六五年六月二三日(夕刊)、「高校共学の危機と反省」『朝日ジャーナル』、一九六五年一二月五日、「共学は進学戦争の敵!」『週刊サンケイ』一九六五年一二月六日、を参照のこと。

# 第三章　短期大学の女子教育機関化

短期大学とは、字義通りにいえば、修業年限が短い大学ということである。しかし日本において短期大学といえば、単に修業年限が短いというだけでなく、主に女子のための教育機関であるということも意味している。短期大学制度は日本以外にも存在するが、短期大学＝女子のための教育機関という位置づけがあるのは日本の特徴であり、高等教育機関への進学に際して、「女子は短大、男子は四大」という男女の進路選択の相違もかつては明確に存在していた。この傾向は一九九〇年代後半から急速に変化しつつあるが、それでもなお、短期大学生の大多数を女性がしめていることには変わりがない。

ただ注意しなければならないのは、短期大学が、成立当初から女子教育機関という性格を明確にもっていたわけではなかったことである。後で詳しく述べるように、短期大学の女子学生数が男子学生数を上回るのは一九五四（昭和二九）年のことであるし、高等教育機関への女子入学者数は、当初、短期大学よりも四年制大学の方が多かった。たとえば、一九五一（昭和二六）年の『学校基本調査報告書』によれば、この年、四年制大学へ進学した女子は一万三八六三人であったのに対して、短期大学へは一万〇〇九八人である。この当時の女子学生が、進学先として四年制大学よりも短期大学を選択したわけではなかったのである。一九六〇（昭和三五）年においても、女子の四年制大学への進学率が二・五％であるのに対して、短期大学への進学率が三・〇％と、両者にはさほど明瞭な差がなかった。しかし一〇年後の一九七〇（昭和四五）年になると、四年制大学への進学率が六・五％であるのに対して、短期大学の場合は一一・二％になっている。[1] 女子の高等教育が普及していく過程において短期大学への進学傾向が加速し、性別によって異なる高等教育のありようが確立していったことがわかる。

そういう意味では、短期大学が女子教育機関としての姿を顕にしたのは、一九六〇年代であるといってよいのかもしれない。しかしいうまでもないことであるが、一九六〇年代になって突如として、短期大学が女子教育機関となったわけではなく、すでに一九五〇年代末には、女子教育機関としての短期大学の姿が確立していた。

いったいどのようにして性別によって進学する高等教育機関が異なる状況が生まれたのだろうか。そして短期大学が女子用の高等教育機関であるということは、何を意味していたのだろうか。本章では、これらのことを検討しながら、短期大学が女子のための教育機関として存在する意味を考察していきたいと思う。

# 一　短期大学の誕生

短期大学は、新制大学の発足に一年遅れて、一九五〇（昭和二五）年に暫定的な制度としてスタートした。そして短期大学が暫定的なものという地位を脱し、恒久的な制度へと生まれ変わるのは、一九六四（昭和三九）年のことになる。一九六〇年代における、教育機関としての短期大学の確固たる地位を知っている者の目には、短期大学が発足から十数年にもわたってこのような不安定な状態におかれていたことは奇妙にさえ思える。しかし短期大学がこのような変則的な教育機関としてスタートを切らなければならなかったのは、紛れもない事実であった。

短期大学の設立経緯に関しては、すでに海後宗臣・寺﨑昌男や土持ゲーリー法一などが詳細に検討している（海後・寺﨑 1969、土持 2006）。これらの研究によれば、一九四七年の学校教育法の制定による新学制の発足にともなって、旧制の大学・高等学校・専門学校を新しい四年制大学へ再編するという問題がおこり、短期大学はその議論の過程において生み出されていったという。というのも、これらの学校は教育水準・教員・設備などの点において実に多様であり、新制大学としての資格要件を具備していないとみられる学校が少なくなかったからである。つまり、新制大学へ昇格したいという要求をもちつつも、新しい大学基準を満たすことができなかった旧制の高等教育機関の救済措置として、短期大学制度の創出が行われたのである。

そういう意味では、短期大学の成立はジェンダーの問題と無関係であるかのように見える。しかし事情はそう単純ではない。なぜなら、後で詳しく述べるように、短期大学制度の創出を提言した教育刷新委員会では、女子教育という観点から短期大学を設置しようという意見も存在していたからである。それは、単に救済措置として便宜的に短期大学をとらえるのではなく、積極的な意味づけを短期大学に与えようとする議論であり、短期大学とジェンダーとが関連づけられた最初の議論でもあった。

そこでまずは、短期大学が大学昇格が困難であった学校の救済のために設置されたということを重々承知したうえで、女子高等教育という視点から、短期大学の成立をとらえ直していきたいと思う。そのことを通して、短期大学制度がもっていた女子教育にとっての歴史的意義が明らかになるだろうし、一九六〇年代に短期大学が女子のための教育機関と化していく過程もより明確になるのではないかと考える。なお、短期大学という名称は、最初から使われているわけではなく、ジュニア・カレッジ、二年制大学という表現がなされていたので、歴史的文脈に即して叙述をすすめる場合は、ジュニア・カレッジ、二年制大学という名称を使うことにする。

## 1 戦後初期における女子高等教育の状況

周知のように、中等教育段階以降の男女別学体制をとっていた戦前においては、女性が高等教育を受ける機会は男性と比べて大幅に制限されていた。それゆえ戦後すぐから、女子高等教育の機会を拡大する必要性が議論されはじめ、さまざまな取り組みがなされていくことになる。

一九四五（昭和二〇）年一二月四日、「女子教育刷新要綱」が閣議諒解されたが、すでに第一章で述べたように、ここでは男女の教育機会の均等や教育内容の平準化という方針が謳われていた。高等教育に関していえば、次のように、女子に対する高等教育機関の開放と女子大学の創設が明記されている。

（イ）差当リ女子ノ入学ヲ阻止スル規定ヲ改廃シ女子大学ノ創設並ニ大学ニ於ケル共学制ヲ実施ス

（中略）

（ホ）大学高等専門学校ノ講義ヲ女子ニ対シテ開放ス(2)

そして実際に、一九四六（昭和二一）年度より旧制大学（学部・予科）の門戸が、一九四七（昭和二二）年度からは旧制高等学校の門戸が、女性に対して開放されていく（大島 2004、湯川 2005, 2006）。大学や高等学校に入学した女性は少数であったが、それでも、これらの女性の姿は、確実に女子高等教育をめぐる状況が変化しつつあることを示すものであった。また、旧制の女子専門学校の新設も盛んに行われており、一九四五年八月から四七年四月までのあいだに、四七校の女子専門学校（公立一三校、私立三四校）が新設された（国立教育研究所編 1974: 392）(3)。同時期に新設された専門学校七九校中、約六〇%を女子専門学校が占めていたことになり、これは「戦前戦後を通じて高等教育史上きわめて異例の事態」(国立教育研究所編 1974: 394) であった。

このように、戦前の制度の下で、女子高等教育の機会が広がっていったが、他方では、新しい女子高等教育機関を設置する動きもはじまっていく。早くも一九四五年一一月二九日に、東京女子高等師範学校は「東京女子帝国大学創設趣旨並組織」を作成して、文部省に東京女子帝国大学の設置を申請したが[4]、これにとどまらず、一九四六年一〇月一一日の第九〇帝国議会衆議院に、官立綜合女子大学設立の請願や、奈良女子帝国大学設置と東京女子高等師範学校の女子綜合大学昇格に関する建議案が提出され、可決されている[5]。これらはいずれも実現してはいないが、戦前には存在しなかった、官立の女子大学を設立しようとする動きがあったことがわかる。

この動きの延長上に、女子教育研究会(一九四六年八月)・日本大学婦人協会(一九四六年一〇月)・女子大学連盟(一九四七年四月)の結成があり、女子大学の創設をめざす動きが活発化していった(上村 2007: 172-182)。そして一九四八(昭和二三)年四月に、一九四九(昭和二四)年四月の新制大学への移行に先だって、公立一校、私立一一校の新制大学が発足した際には、その中に五つの女子大学が含まれていた。それは、神戸女学院大学・聖心女子大学・津田塾大学・東京女子大学・日本女子大学である。ちなみにCIEは、民主化を促進するためにミッション系の私立の女子大学を重視し、女子のリベラル・アーツ・カレッジへの高い期待をもっていたといわれている(海後・寺崎 1969、土持 2006)。

このように、一九四六年から四八年にかけて、旧制の大学・専門学校・高等学校の女子への門戸開放、旧制の女子専門学校の新設、新制の女子大学の設置が矢継ぎ早に行われ、さまざまな形で女子への高等教育の機会の拡大が図られていったのである。しかしこのような多様な教育機関の並存状況が続くわけはなく、旧制の高等教育機関は一九四九年度から新制大学へと移行していくことになる。ただその際に問題となるのは、先に述べた、新制大学としての資格要件を満たしているか否かということであり、中でも戦時下から戦後にかけて急増した女子専門学校の中には、資格要件を満たしていない学校も少なくなかった。

このような状況のなかで、教育刷新委員会では女子高等教育、短期大学をめぐって議論が行われていくことになる。

## 2　教育刷新委員会での議論

教育刷新委員会において、女子の高等教育の問題がはじめて議論されたのは、一九四六年九月一三日、議題の優先順位について議した第二回総会の席上である。大島正徳（在外邦人指定教育協会理事）や星野あい（津田塾専門学校長）が女子教育の問題を取りあげたいと発言し、それをうけて矢野貫城（明治学院長）は次のように述べている。「既に婦人参政権が認められて居るような状態でありまして、女子教育の一般の水準を高めることは相当急を要することじゃないかと思います。……男子の方は相当大学教育が行われて居ります。それに対しまして、女子教育の水準が非常に低い、此の水準を高めるということも、急に考えるべき問題だと思います」(『会議録』第一巻、二八ページ)。

ここで矢野は、男子教育に比べての女子教育の水準の低さを問題にし、それを引き上げる必要性について語っている。このことはすでに前年の一二月四日に閣議において諒解された「女子教育刷新要綱」において謳われていたことであり、矢野の発言に対して異論は出ていない。この日、田中耕太郎文相も女子高等教育を教育刷新委員会の検討課題とすべきことを述べており(『会議録』第一巻、三〇ページ、参照)、女子高等教育の充実の必要性は共通認識になっていたと考えてよいであろう。また、これから約一ヶ月後の一〇月一一日の第六回総会で、星野あいは、女子高等教育が主に私学に委ねられ、政府がほとんど関心を払ってこなかったことを批判するとともに、女子高等教育振興の必要性を訴えていた(『会議録』第一巻、一二一―一二三ページ、参照)。

ただ問題は、女子高等教育をどのような制度において実現し、レベル・アップを図るのかということである。その意味で注目すべき発言が、星野あいと河井道という、教育刷新委員会に二人しかいなかった女性委員によって行われている。

星野は、一九四六年一〇月二五日、第八回総会において、男女の間に差別のない高等教育の必要性を訴え、次のように述べていた。「専門学校という制度を止めて、これをもっと自由なものにして、専門教育も無論授けますけれども、十分もっと、何と言いますか、リベラルな教育をそこで与えまして、教養の深いものに致しまして、而も今の専門学校よりもずっと程度の高いものにした大学とする。それは男子も女子も同じ程度のものにして、総ての人に教育の機会を与える」（『会議録』第一巻、一六九ページ）。つまり、専門学校を廃止し、教養教育を重視した大学教育が、男女ともに必要だというのである。

それに対して河井道は、一九四七年三月七日、第二六回総会において、次のように主張していた。「女子の方面はどの女子の専門学校も大学になろうとは考えられませんし、又出来ませんことでございます。大概の所は、専門学校の程度で終わりたいという志願者が、女子の専門学校に多いのでございます。……いろいろ婦人の立場といたしまして、長い年限を学校に与えることが出来ないというのが、女子の立場でございます」（『会議録』第二巻、一九九六年、一九三ページ）。このように河井は女子の立場というものを強調し、女子には大学よりも、短い修業期間の専門学校の教育が重要だと考えていた。その後、河井は二年制の短期大学の設立を強く主張していくことになる。

このように、津田塾専門学校と恵泉女子専門学校の校長として女子教育に携わり、たった二人の女性委員であった彼女たちの意見が、四年制大学と二年制大学を求めるという点において異なっていた。(6) ただ、星野が熱望した四年制の女子大学についての教育刷新委員会の議論は概して低調であり、「特に四年制女子大学の基準の問題は、全体として軽視されていたように窺える」（石井 2000）といわれている。そして、教育刷新委員会では女子高等教育のあり方が正面切って議論されるということはなく、短期大学の設立をめぐる論議の際に、女子高等教育についての議論も行われたというのが正確なところだろう。

短期大学の問題が教育刷新委員会において話題になったのは二度あるが、一回目は、一九四七年一一月から翌年一月にかけてである。一九四七年一一月二八日、第四六回総会において日高第四郎学校教育局長は、ジュニア・カレッジ（暫定的な二年制ないし三年制の大学）について言及したが（『会議録』第三巻、一九九六年、一七三ページ、参照）、その際、最も熱心に設立賛成の論陣を張ったのは河井道である。彼女は次のように述べている。

今急に六・三・三・四の大学を設置したところで、女の方では大学に行く者は少いのであります。……女の方でも大学というものは欲しいのが当り前でございますから、どうか二年ぐらいのなんとかジュニア・カレッジが欲しい……経済の方面から、学力の方面から、まだ男子と同じには参りませんのですから、それを《ママ》大学と言いますものは、男子を標準でなくしなければならんものと思いますので、私自身はそのジュニア・カレッジというものが欲しいと思っております（『会議録』第三巻、一七六ページ）。

この発言を補足説明しておくと、「経済の方面」ということは、親が子どもの教育を男子優先で行い、女子に対しては男子ほどには教育費の負担を行わないという意味である。また「学力の方面」というのは、戦前の教育制度においては同じ中等教育でありながら、女子教育機関では男子の教育機関に比べて外国語や理数系の科目の教育程度が低く抑えられており、結果的に女子の方が学力不足であったことを指していた。このような状況であるがゆえに、そして、大学はもともと男子を標準として作られた教育機関であると認識していたがゆえに、河井は、女子教育が男子教育とは異なるという点を強調して、女子には二年制の大学教育が必要なことを訴えたのである。

ただ、彼女は本質的に女子教育は男子教育と異なるべきであり、女子には二年のジュニア・カレッジが適当であると考えていたわけではなく、一二月一九日の第四九回総会で、次のような発言も残している。

男女共学となりますと、頭のいいもの、優秀な者はどんどん男女共学の方の大学に入るだろうと思います。併し女子の大学の必要をも感ずるのであります。……日本におきましても、四年程度の女子の大学は本当に必要だと思います。女子には入れるものがまだなかなか少ないのでありますす。それでございますから、私は二年となさいますか、三年となさいますか、ここでは存じませんけれども、ジュニヤ・カレッヂはどうしても女子教育に要ると思います。ここに暫定的にということがありますから、私は或る学校は暫定的でも宜しい（『会議録』第三巻、二一六ページ）。

つまり、彼女が共学の大学（彼女の言葉を借りれば、男子を標準とした大学）や四年制の女子大学の必要性をそれぞれ認めた上で、現実的な選択として、女子が入学しやすい学校、すなわちジュニア・カレッジの設立を求めていたことがわかる。そういう意味では、このジュニア・カレッジには、あくまでも、女子に高等教育の機会を保証するという積極的な意味が込められていたのである。しかし他方で、彼女は、共学大学――四年制の女子大学――ジュニア・カレッジと、女子の高等教育機関を三つのレベルで序列づけてとらえてもいる。しかも彼女の認識において男子の高等教育機関は共学大学のみであったことを考えるならば、たとえ彼女の主観的意図はどうであれ、彼女の主張は高等教育におけるジェンダーの序列化を導く議論となるものでもあった。ただこの時点ではこの側面は鮮明とはなっておらず、彼女の主張は、女子高等教育の振興という文脈でのジュニア・カレッジ論として、位置づけておくことができる。

ところで一二月一二日の第四八回総会では、ジュニア・カレッジの問題が活発に議論されているが、是非二年制の大学がほしいという河井の発言をうけて、四年制大学を主張していた星野あいも、次のように述べている。「四年の女子大学を置くということは非常に困難であると私毎日身をもって体験しております。それで今河井先生が仰しゃったように女子のジニア・カレンジ《ママ》というものは是非必要と思います」(『会議録』第三巻、二〇三ページ)。彼女が、二年制大学の設立に反対というわけではなかったことがわかるが、それというのも外国人に、「日本の婦人が一番智的に劣っておるように感じた」(『会議録』第三巻、二〇三ページ)といわれた状況を、何とか改善したいと彼女が思っていたからである。そういう意味では、女子高等教育の充実の必要性という点で両者には意見の対立はなく、河井がより現実的な選択として二年制大学を強く主張したのに対して、星野はそれを認めつつも、より原理的に、四年制大学に重点をおいた発言を行ったということであろう。(7)

この河井の意見に対しては賛同の意思表示をする委員も多く、務台理作は、河井の発言を受けて、「只今河井さんのお話のようにこの六・三・三・四の制度を破壊しない範囲においては二年の女子の大学ができてもいいと思います」(『会議録』第三巻、二〇一ページ)と述べ、傍系的な制度として、二年制の女子の大学を認める主張をしている。また教育刷新委員会副委員長の山崎匡輔は、河井の意見に対して、「今日の男女平等の立場から申しますと、女子に対する特別の教育と解釈してもいいだろうと思います」[8](『会議録』第三巻、二〇一ページ)と述べており、彼もまた女子用のものとして理解していたことがわかる。ただ彼らの意見が、河井や星野のように、四年制の大学の必要性を射程に入れつつ、女子がおかれている現状を鑑みて二年制の大学が女子には必要だと考えているのか、それとも、そもそも女子には二年制の大学がふさわしいと考えているのか、これだけではよくわからない。

それが明瞭だったのは、次に引用する羽渓了諦の考え方であり、彼は明確に後者の立場から次のように述べている。「女子教育については河井委員の仰しゃったように高等学校を卒業したものに四年は長過ぎる、二年ぐらいで最高の教育を受けさせたいというのは御尤もと思います。しかしそれに何故に大学という名を付けなければならないか、……これは大学の内容を貧弱にし、世界の信用を失う因になります。これは大学という名を付けないで適当な名を付けて戴きたいと思います」(『会議録』第三巻、二〇〇ページ)。これは河井の意見と似て非なるものである。彼は女子には二年でいいと考えているのであり、それに大学の名称を付けるのは不適切だというのである。大学とは四年制のものであり、その大学は女性には似つかわしくないものとして、彼がとらえていたことがわかる。これは、戦前における、女子向きの教育と男子向きの教育という、性別によって異なる教育の原理を戦後においても継承しようとする発言であるといってよいだろう。

このように、ジュニア・カレッジの必要性を女子教育の観点から主張する意見には、女子高等教育の振興という立場と、女子向きの教育として是認する立場との二つのものがあったことがわかる。それに対して、女子のためにジュニア・カレッジを作ってはならないという見解も存在していた。たとえば、牛山栄治は、「女子のコースと、男子のコースと明らかに異なるようなものを、まだ六・三・三・四の学制が出発しない中に既にそういうふうに定めるというふうなことがあってはならないと思うのであります」(『会議録』第三巻、二二八ページ)と言い、矢野貫城も「女子だけ二年というのは何んだか女子教育を下げて取扱ったようなことになります」(『会議録』第三巻、二三二ページ)と述べている。彼らの主張は極めて妥当なものであると思うが、河井や星野が抱いていた、少しでも女子高等教育の機会を拡大したいという切実さに対しては、説得力がなかったのではないだろうか。

これらが、ジュニア・カレッジをめぐる議論における女子高等教育論であるが、ここで忘れてならないのは、本来、ジュニア・カレッジは、旧制の専門学校などを新制大学へ転換する際の臨時措置として提案されていたことである。そしてこの旧制から新制への転換問題は、女子教育機関にとって切実な問題であった。というのも、すでに述べたように、戦時下から戦後にかけて急増した女子専門学校の中には、新制大学への昇格が困難な学校が多く含まれていたからである。事実、文部省学校教育局長の日高第四郎は、ジュニア・カレッジを推進する立場から、ジュニア・カレッジを「地方の女子の専門学校の転換問題」（『会議録』第三巻、二二一ページ）としてとらえ、「女子の場合においては現状の転換問題としては二年の前期大学のようなものもできるのが便利ではないか、便利といいますよりも、むしろ大切ではないかというふうな考え方からお諮りした次第で」（『会議録』第三巻、二二二ページ）と述べていた。急増した地方の女子専門学校の存在が転換問題に深い影を落としており、そのことを認識したうえで、女子にとっての二年制大学教育の必要性を語るという構図が、ここには存在していた。そういう意味では、旧制の高等教育機関から新制大学への昇格問題は、まさにジェンダー化した問題として存在していたのであり、ジュニア・カレッジは当初より女子高等教育と深い関わりがあったといえるだろう。

以上が、ジュニア・カレッジをめぐる議論において出てきた論点であるが、ステアリング・コミッティ(9)が、四年制大学の整備に力を注ぐべきであり、ジュニア・カレッジは認めないという結論を出したために（『会議録』第三巻、二六六―二六七ページ、参照）、ジュニア・カレッジに関する議論はいったん途絶える。

これからほぼ一年後、一九四八年一二月二四日、第八六回総会において日高第四郎学校教育局長は、大学設置委員会委員長和田小六から教育刷新委員会委員長南原繁あての文書を朗読し、新制大学への移行が困難な学校への救済措置として二年制大学を設置したい旨を発言した。この文書は、二年制の大学を設置する必要性について述べた最初の公的見解であるが、短期大学を設置する理由が次のように述べられていた。

二年制大学実施理由

一、現在の大学、高等、専門学校をなるべく早くかつ円滑に新制の学校に切替え学校教育法の完全実施を図るため二年制大学を設ける要がある

二、現在の大学、高等、専門学校が凡て四年制大学となることは現状から見て不可能のことで従って従来に比し高等教育え（ママ）の入学の途がせばめられる結果となる　その門戸を拡張するためにも二年制大学を設ける必要がある

三、現在の高等専門学校（ママ）の中には四年制大学としては不適当ではあるが二年制大学ならば成立つものもあるのでこの種専門学校救済のためにも二年制大学は必要である

尚二年制大学の構成については次の点が考慮されることを希望する

二ヶ年の完成教育を原則とし四年制大学の三年以上の課程に編入学する途も考慮される但し二年制大学に対し後期二年のみの大学を認めまた旧制高等学校の温存となるようなことは厳に禁止さるべきである（『会議録』第四巻、一九九六年、三六八―三六九ページ）

このように、ここでは新制大学への移行が困難な学校の救済措置として、二年制大学を完成教育

機関として設置することが述べられていた。また但し書きとして、二年制大学は完成教育機関であり、後期二年（専門課程）のみのものや、旧制高等学校を継承するものではないことが明確に書かれていることも注目に値する。というのも、旧制高等学校を温存する手段として二年制大学を活用したいという意見が当時、存在していたからである（土持 2006）。このような意見を封じ込め、新制大学への昇格問題としてのみ二年制大学を位置づけたことが、この文書の特徴であった。

これに対して、矢野貫城、河井道が女子教育の観点から賛成した。また日高第四郎は、二年制大学の制度について「むしろ女子学校の転換の場合、若干の私立学校の転換の場合には、是非必要な措置であるというふうに考える」（『会議録』第四巻、三七九ページ）と補足説明を行い、二年制大学の制度を転換問題の枠組みでとらえようとしていた。

翌年一月七日、この問題を審議するために開かれた第一回第一五特別委員会（二年又は三年制大学に関する事項）において山崎匡輔教育刷新委員会副委員長は、「女子のために二年で完成される学校を作るということは非常に宜しいと思います」（『会議録』第一一巻、一九九八年、三六九ページ）、と述べている。大学への昇格をめぐる救済措置が前面に出されながらも、このように、女子高等教育機関としても二年制大学を位置づけるという二重構造が存在していたといえるだろう。ただこの委員会でも、第八六回総会でも、一年前ほどには議論が活発ではなく、二年制大学の設置が淡々と決まっていった。そして一月一四日の第二回第一五特別委員会で「短期大学」という名称が提案され、それをうけて同日、第八七回総会で短期大学の設置が可決されたのである。その文言は以下の通りである。

大学設置委員会における新制大学申請校の審査の状況に鑑み、暫定措置として、次の条件のもとに二年又は三年制度《ママ》大学を設けることができる。

(一) 二年又は三年制大学には、四年制大学とは異なつた名称（例えば短期大学）を附すること。

(二) 前記の大学は、完成教育として、その基準を定めること。

(三) 特別の場合には、四年制大学は前記大学の卒業生を、その履修課程を考慮し、又は試験の上、適当な学年にこれを編入することができる。

(四) 二年制大学に対し、後期二年のみの大学を設け、また二年制大学が旧制高等学校の温存となるようなことは認められないこと（『会議録』第四巻、三九三ページ）。

以後、議論は国会へと舞台を移す。

### 3　第五国会での議論

新制大学制度は一九四九（昭和二四）年四月に正式にスタートを切ったが、第五国会には、一九五〇年度より二年制ないし三年制の短期大学を「当分の間」設置するという学校教育法の改正案（学校教育法の附則として第一〇九条、第一一〇条を設けるもの）が提出された。主に発言したのは社会党議員であり、さほど異論が出ることもなく、一九四九年五月一二日に参議院本会議で、五月一六日には衆議院本会議でこの法案は可決されている。ただ国会での議論において注目すべきことがあるので、ここで指摘しておきたい。

それは、短期大学を女子高等教育の振興という観点から積極的に評価する主張が、社会党議員によってなされたことである。森戸辰男は短期大学を女子の向学心を満たすためのものとして位置づけ、次のように述べている。

ことに女子の家政学科等では、四年の課程では長過ぎるというようなことが父兄たちにもあり、費用の関係等もありまして、四年では大学に行こうという者も行けないというような事情があって、かえつてこの制度のために向学心を持つておる者の大学への入学を困難にしておるという事情もあるのではないかと心配いたすものであります。……女子教育等におきましては、むしろ四年よりも一般的には二年というものの希望が非常に多いのではないか、こういうように思うのであります。(10)

短期大学の設置に際しては、大学へ昇格できない学校の救済を表向きの理由として前面に出しつつも、女子高等教育の拡大としても短期大学を意義づける、という二重構造が存在していたが、森戸の発言は見え隠れしていた後者の立場を強調するものになっている。

それに対して、政府委員として法案の趣旨説明を行った左藤義詮文部政務次官は、法案の提案理由を次のように述べていた。「入学志願者の側における父兄の経済的負担力の点、或いは短期間に実務者を養成しなければならない社会的必要性などを考慮いたしますと、短い期間に完成するいわゆる短期大学を必要とするように考えるのであります[11]」。ここでは、短期大学が女子教育にとって重要な意味をもっているということは語られておらず、親の経済的負担のゆえに二年間の教育にならざるをえない学生の多くが実は女子であるということにも、何もふれられていない。あたかも、ことさらとりたてていうほどの女子にとっての短期大学の存在意義はないかのようであり、ここでの説明はあくまでもジェンダー中立的であった。

その後、日高第四郎学校教育局長は質疑応答の過程で、「特に女子の教育の場合においては、日本の実情において短期の大学を設けることが女子教育を高めるのに非常に必要にして有効な処置であるというような点もありまして、そういう積極的な面が一つあるわけであります[12]」と述べ、女子教育の向上という観点からも短期大学の設置に言及している。しかし政府関係者の中で、このような発言はこれだけであり、総じていえば、女子高等教育の機会拡大という視点からのとらえ方が、弱かったといえるだろう。このことは後々まで尾を引いていくことになるが、この問題については後で詳述したい。

さてもう一点、指摘しておきたいことは、「当分の間」という文言をめぐる議論である。すでに述べたように、社会党議員は短期大学を積極的にとらえていたが、このことは、「当分の間」という表現をめぐっても垣間見ることができる。松本七郎は短期大学の恒久化を主張して、次のように述べていた。「『当分の間』というのを削除すべきであるという意見を主張いたします。その理由といたしましては、四年制の大学のほかにやはり恒久的な短期大学が必要なのではなかろうか。特にわが国の実情にかんがみまして、経済的な状態あるいは女子は四年制の大学に入る希望者というものは比較的少い、短期の間に済ませるような大学を希望しておる者が多い[13]」。ただ、恒久化ということになれば、相当広範囲に修正をしなければならなくなり、時間的にも技術的にも困難であるので、「今回のこの修正は見合すことにした[14]」と彼は言い、この法案に賛成している。同様の主張は、森戸辰男によってもなされていた[15]。女子教育にとっての短期大学の意義を強調する立場からは、短期大学を中途半端な暫定的な存在として認めるわけにはいかなかったのだろう。

それに対して、政府の立場はあくまでも「当分の間」ということであったが、興味深いことに、政府委員の間では、この言葉の解釈が揺れていた。稲田清助大学学術局長は、「『当分の間』といたしておりまして、御趣意のごとく将来は六・三・三・四の学制形態を企図いたしておるわけであります[16]」と述べ、短期大学があくまでも暫定的な制度であることを強調している。それに対して、日高は次のように異なるニュアンスの発言を残していた。「せつかく六、三・三・四というような基本的な線を立てましたものを十分に実験もしないうちに枝をつけるようなことは考慮を要するというような注意もありましたので、実験的な意味も兼ねて『当分の間』といたしたわけであります。つくつた大学がいい成果を上げますならば、やがては永続的なものになる見込みもあるかという希望と期待とを持つて『当分の間』といたしてあるわけでございます」[17]。これは、恒久化への含みをもった発言であるといえるだろう。短期大学を救済措置として見るのか、それともそこに女子高等教育にとっての積極的な意義を求めるのかという認識の違いが、「当分の間」という文言の解釈をめぐる見解の相違を生んでいたように思われる。

ともあれ、第五国会において学校教育法の改正案が可決され、一九五〇年四月より短期大学が暫定的な制度としてスタートすることになった。では、短期大学はいったいどのような教育機関だったのだろうか。

## 二　二つの短期大学

ここでは、一九五〇（昭和二五）年四月に誕生した短期大学がどのような教育機関であり、一九五〇年代を通してその性格はどのように変化していったのか、統計資料を用いながら検討していくことにしたい。そのことを通して、女子のための教育機関として純化する以前の、過渡期における短期大学の姿が、明らかになってくると思われる。

表3－1は、一九五〇年から六〇（昭和三五）年までの設置主体別の男子のみ、女子のみ、共学の短期大学数を示したものである。参考となるように、大学数も一緒に掲げておいた。この表からわかることは、まず、私立の短期大学の多さである。大学、短期大学をあわせてもっとも多いのが

### 表3-1　学校数の変化

| 年度 | 短期大学 | | | | | | | | | | | | | 大学 | | | |
|---|---|---|---|---|---|---|---|---|---|---|---|---|---|---|---|---|---|
| | 国立 | | | | 公立 | | | | 私立 | | | | 計 | 国立 | 公立 | 私立 | 計 |
| | 男子 | 女子 | 共学 | 計 | 男子 | 女子 | 共学 | 計 | 男子 | 女子 | 共学 | 計 | | | | | |
| 1950 | | | | 0 | | | | 17 | | | | 132 | 149 | 70 | 26 | 105 | 201 |
| 1952 | | | | 7 | | | | 31 | | | | 167 | 205 | 71 | 33 | 116 | 220 |
| 1954 | 4 | 0 | 13 | 17 | 5 | 13 | 23 | 41 | 16 | 98 | 79 | 193 | 251 | 72 | 34 | 121 | 227 |
| 1956 | | | | 19 | | | | 43 | | | | 206 | 268 | 72 | 33 | 123 | 228 |
| 1958 | 7 | 0 | 13 | 20 | 2 | 15 | 20 | 37 | 13 | 116 | 81 | 210 | 267 | 72 | 32 | 130 | 234 |
| 1960 | 9 | 0 | 18 | 27 | 4 | 15 | 20 | 39 | 10 | 125 | 79 | 214 | 280 | 72 | 33 | 140 | 245 |

（注）1950年は『日本の教育統計（昭和23－40年）』1960年、それ以降は各年度の『学校基本調査報告書』より作成。
空欄のところは、資料に記載されていないために不明。

私立の短期大学であり、特に一九五〇年代前半に私立短期大学が著しく増加したことがわかる。一九五〇年から五四（昭和二九）年までの四年間に、四年制大学が二〇一校から二二七校になっているのに対して、短期大学は一四九校から二五一校になっており、一〇〇校ほどが増えている。その結果、当初は四年制大学よりも少なかった短期大学が、四年制大学を数において逆転したが、その短期大学数の増加を主に担ったのが、私立短期大学であった。全短期大学の中にしめる私立の割合は八割前後であり、それに対して特に国立の短期大学は少なく、一割にも満たない。四年制の大学の中で三割ほどが国立であったことを考えるならば、両者の違いは歴然としていた。そしてこの表からは、男子のみが在籍する短期大学や男女共学の短期大学の数はさほど変わらないのに対して、女子のみが在籍する私立短期大学だけが、時間の経過とともにかなり増えていることがわかる。

　では、学生数はどのような変化を示しているだろうか。

**表3-2　設置者別昼夜間別男女学生数**

| | | 国立 | | 公立 | | 私立 | | 計 | |
|---|---|---|---|---|---|---|---|---|---|
| | | 男子 | 女子 | 男子 | 女子 | 男子 | 女子 | 男子 | 女子 |
| 1952年 | 昼間 | 0 | 0 | 2,297 | 3,396 | 9,391 | 17,512 | 11,688 | 20,908 |
| | 夜間 | 911 | 7 | 1,870 | 157 | 13,530 | 2,392 | 16,311 | 2,556 |
| | 計 | 911 | 7 | 4,167 | 3,553 | 22,921 | 19,904 | 27,999 | 23,464 |
| 1954年 | 昼間 | 0 | 0 | 3,285 | 4,183 | 11,697 | 27,827 | 14,982 | 32,010 |
| | 夜間 | 2,889 | 40 | 2,544 | 246 | 14,833 | 3,505 | 20,266 | 3,791 |
| | 計 | 2,889 | 40 | 5,829 | 4,429 | 26,530 | 31,332 | 35,248 | 35,801 |
| 1956年 | 昼間 | 0 | 0 | 3,265 | 5,080 | 10,636 | 34,400 | 13,901 | 39,480 |
| | 夜間 | 4,364 | 86 | 2,223 | 384 | 11,427 | 3,481 | 18,014 | 3,951 |
| | 計 | 4,364 | 86 | 5,488 | 5,464 | 22,063 | 37,881 | 31,915 | 43,431 |
| 1958年 | 昼間 | 0 | 0 | 2,265 | 4,708 | 8,194 | 35,693 | 10,459 | 40,401 |
| | 夜間 | 4,874 | 98 | 2,184 | 350 | 8,565 | 2,890 | 15,623 | 3,338 |
| | 計 | 4,874 | 98 | 4,449 | 5,058 | 16,759 | 38,583 | 26,082 | 43,739 |
| 1960年 | 昼間 | 288 | 2 | 2,459 | 5,425 | 7,952 | 46,316 | 10,699 | 51,743 |
| | 夜間 | 5,918 | 181 | 2,483 | 448 | 7,555 | 2,501 | 15,956 | 3,130 |
| | 計 | 6,206 | 183 | 4,942 | 5,873 | 15,507 | 48,817 | 26,655 | 54,873 |

各年度の『学校基本調査報告書』より作成

表3－2からは実にさまざまなことが見てとれる。第一に、短期大学開設当初は、男子学生の方が女子学生よりも多く、女子の学生数が男子を上回るようになるのは、一九五四年であること。教育刷新委員会の議論では、女子の高等教育機会の拡大という点から短期大学の必要性が主張されたが、当初、短期大学に通学したのは必ずしも女子というわけではなく、短期大学＝女子のための教育機関とはいえなかったことがわかる。ただ、昼間部の学生だけをとれば、当初から女子学生の数が圧倒的に多く、私立短期大学の増加にともなって、昼間部に通う短期大学の女子学生数が急速に増加していった。この表には載っていないが、女子学生数は一九六五（昭和四〇）年には一〇万人を超え、一九六八（昭和四三）年には二〇万人、一九七五（昭和五〇）年には三〇万人に達している。それに対して、男子学生数は一九六六（昭和四一）年に四万人台にのったもの

の、五万人を超えることはなかった。

また当初の短期大学が必ずしも女子のための教育機関ではなかったことと関連するが、はじめに述べたように、女子の高等教育機関への入学者数は、短期大学よりも四年制大学への入学者の方が多かった。たとえば、一九五一（昭和二六）年において四年制大学へ進学した女子は一万三八六三人であるのに対して、短期大学へは一万〇〇九八人である。進学先として女子が四年制大学よりも短期大学を選択したわけではなかったのである。短期大学が四年制大学よりも一年遅れで、暫定的なものとして、慌ただしく設置されたということも影響しているだろうが、一九五〇年に四年制大学と短期大学へ入学した女子学生のうち、短期大学入学者は三六・八％にすぎない。そしてそれが逆転するのは一九五五（昭和三〇）年のことである。[18]

つまり、一九五〇年代前半においては、男女の比較においても、女子の進学先の選択においても、「女子は短大、男子は四大」という現象はまったく存在していなかったのである。一九五五年における短期大学を含めた高等教育機関への進学率は、男子が一五・〇％、女子が五・〇％であったが、このような大きな男女差がある状況では、男女による高等教育機関の棲み分けがまだ成立していなかったといった方がいいかもしれない。この時期、高等教育機関へ進学する女子は、経済的にも文化的にも、男子よりもはるかに恵まれた人々であったが、彼女たちは、四年制大学では圧倒的な少数派であり、短期大学においても多数派を形成するには至らなかったのであった。

さて表3－2から指摘できる第二の点は、短期大学の設置主体によって、みごとに学生の男女比が異なることである。国立の短期大学には圧倒的に男子学生が多く、短期大学全体の女子学生が増えていく一九五〇年代後半になっても、それは変わらない。公立の短期大学は、時代が下がるにつれて女子の数が男子よりも優位になっていくが、それでも、男女の数がかなり拮抗しているといっていいだろう。それに対して、短期大学の多数をしめていた私立では、当初男子学生が多かったものの、一九五〇年代前半に（正確には一九五三年に）、男女の数が逆転するという、短期大学全体の傾向と一致する動きをしていた。ただ逆転した後、男女の差は、短期大学全体の男女の差よりもかなり開いていき、その姿は、短期大学＝女子のための教育機関という、その後の状況を予感させるものである。つまり、短期大学の女子教育機関化は、まず私立の短期大学において顕在化してきたのであり、国立の短期大学にはまったく当てはまらないことだったのである。

そしてこのように設置主体によって男女比が大きく違うのは、設置されている学科や夜間部の存在が大きく関わっていた。たとえば一九六〇年の短期大学数は、国立二七、公立三九、私立二一四であるが、うち夜間部の短期大学は、国立二五、公立一一、私立六〇となっている。国立の短期大学とは、男性勤労者のための教育機関として夜間に設置されたものだったといっても過言ではないだろう。

また学科構成も、設置者によって大きく異なっていた。次の表3－3は、一九五五年と一九六〇年における設置主体別、専攻分野別の学生数である（一九五五年の『学校基本調査報告書』には学科毎の学生数が掲載されているので、専攻分野別に計算し直した）。国立の短期大学が、主に「法政商経」

## 表3－3　設置者別専攻別男女学生数

| | | 国立 | | 公立 | | 私立 | | 計 | |
|---|---|---|---|---|---|---|---|---|---|
| | | 男子 | 女子 | 男子 | 女子 | 男子 | 女子 | 男子 | 女子 |
| 1955年 | 文学 | 0 | 0 | 410 | 1,454 | 5,728 | 9,202 | 6,138 | 10,656 |
| | 法政商経 | 1,641 | 45 | 2,982 | 370 | 15,195 | 1,233 | 19,818 | 1,648 |
| | 理学 | 0 | 0 | 0 | 56 | 0 | 118 | 0 | 174 |
| | 工学 | 1,892 | 10 | 1,554 | 10 | 3,797 | 51 | 7,243 | 71 |
| | 農学 | 0 | 0 | 663 | 2 | 549 | 141 | 1,212 | 143 |
| | 看護 | 0 | 0 | 0 | 40 | 0 | 134 | 0 | 174 |
| | 家政 | 0 | 0 | 8 | 2,835 | 11 | 22,471 | 19 | 25,306 |
| | 体育 | 0 | 0 | 0 | 67 | 29 | 945 | 29 | 1,012 |
| | 教員養成 | 0 | 0 | 45 | 48 | 223 | 503 | 268 | 551 |
| | 芸術 | 0 | 0 | 138 | 117 | 255 | 1,053 | 393 | 1,170 |
| | 計 | 3,533 | 55 | 5,800 | 4,999 | 25,787 | 35,851 | 35,120 | 40,905 |
| 1960年 | 文学 | 334 | 50 | 295 | 1,594 | 2,398 | 11,470 | 3,027 | 13,114 |
| | 法政商経 | 2,644 | 107 | 2,542 | 427 | 7,626 | 1,276 | 12,812 | 1,810 |
| | 理学 | 0 | 0 | 0 | 64 | 0 | 135 | 0 | 199 |
| | 工学 | 3,228 | 26 | 1,488 | 6 | 4,326 | 126 | 9,042 | 158 |
| | 農学 | 0 | 0 | 528 | 15 | 626 | 184 | 1,154 | 199 |
| | 看護 | 0 | 0 | 0 | 59 | 0 | 406 | 0 | 465 |
| | 家政 | 0 | 0 | 7 | 3,153 | 29 | 27,319 | 36 | 30,472 |
| | 体育 | 0 | 0 | 0 | 82 | 0 | 1,374 | 0 | 1,456 |
| | 教員養成 | 0 | 0 | 65 | 410 | 50 | 3,894 | 115 | 4,304 |
| | 芸術 | 0 | 0 | 17 | 63 | 452 | 2,633 | 469 | 2,696 |
| | 計 | 6,206 | 183 | 4,942 | 5,873 | 15,507 | 48,817 | 26,655 | 54,873 |

各年度の『学校基本調査報告書』より作成

と「工学」によって構成されていることがわかる。このような学科構成であり、夜間部であれば、女子学生が少ないのも当然だろう。戦前において、女子高等教育は主に公私立の女子専門学校によって担われ、政府は女子高等教育に冷淡であったが、それは戦前だけのことではないことが、この国立短期大学の状況から見てとれる。国家にとって、女子のための短期大学教育はとりたてて政策を展開すべきものとしては認識されておらず、国費を投じて教育すべき対象は男子だったのである。このことは先にあげた表3－1からも見てとることができる。国立の短期大学のうち、女子だけが在籍している学校はゼロだったのに対して、男子だけが在籍する学校はいくつも存在していた。

さらにこの表3－3からは、みごとなまでの男女による専攻の相違も見てとることができる。男子が多いのは「法政商経」と「工学」であり、特に「工学」は、注目すべきことに、短期大学の男子学生数全体が減少しているなかにあっても増加している。工学系の短期大学は国立に多く、したがって工学専攻の男子学生の増加は、中堅技術者の養成という国家の政策と密接に結びついていたことがわかる。このことは後で述べる、専科大学問題とも深く関わる問題であった。他方、女子が多いのは「家政」と「文学」であり、一九五〇年代後半（正確にいえば一九五七年）からは「教員養成」も増加している。「家政」と「文学」は戦前から女子が多い領域であったし、「教員養成」は幼稚園や小学校、あるいは中学校の家庭科や体育科の教員養成が、短期大学で本格的に行われるようになったためである。そしてこの傾向はその後も続いていく。

以上、いくつかの統計資料を用いて、短期大学の実態を明らかにしてきたが、短期大学には、単純化していえば、二つのタイプがあったことがわかる。一つは昼間働いている男性が夜間、工学や社会科学を勉強する、職業教育に重点をおいた国立の短期大学であり、もう一つは家政や文学を学び、あるいは教員免許状を取得するために女子が昼間通う、教養教育や教員養成のための私立の短期大学である。そして両者の中間的な様相を呈していたのが、公立の短期大学である。同じく短期大学を名乗ってはいても、国立と私立の短期大学では、その教育目的も教育内容も学生像も、大きく異なっていたといえるだろう。時間の経過とともに、短期大学には女子学生が増え、短期大学は女子教育機関の側面が強くなっていったが、それでも工学を専攻する男子学生は増え続けていた。つまり一九五〇年代において短期大学は二つの顔をもっており、それぞれそれは、男子の職業教育と女子の教養教育や教員養成というように、はっきり区分されていたのである。

この短期大学の姿は、現代に生きるわたしたちが抱く短期大学像とは明らかに異なっており、しかも短期大学は暫定的な制度であった。このような短期大学が、最終的には、女子のための教育機関という性格づけの下に恒久化されることになるが、そこに至るまでにはさまざまな意見の対立が存在していた。短期大学を恒久的な制度とするのか否か、その場合にどのような性格の教育機関とするのか、議論が盛んに行われている。そしてこのことは、短期大学とはどのような教育目的のもとに、どのような教育を行う教育機関なのかという問題とも深く関わっていた。さらにいえば、折からの戦後教育の見直し論議や、職業教育の充実に対する経済界からの要求の高まりという状況の下で、短期大学の再編をめぐる議論には国家の教育政策も絡み合い、議論のありようは複雑な様相を呈していった。それはどのようなものだったのか、以下、具体的に検討していくことにしたい。

## 三　中堅職業人の養成

一九五〇（昭和二五）年に誕生した短期大学は、発足後すぐから、学制改革論議の焦点となっていった。その最も早い動きを、吉田茂首相の私的な諮問機関であった政令改正諮問委員会が一九五一（昭和二六）年七月二日に出した、「教育制度の改革に関する答申」のなかに見ることができる。この答申は、学校制度、教科内容及び教科書、教育行財政、教員という四つの柱で構成されていたが、大学教育については、大学における職業教育の強化をめざして、次のような提言が行われていた。「大学は、二年又は三年の専修大学と四年以上の普通大学とに分つこと。専修大学は、専門的職業教育を主とするもの（工、商、農各専修大学）と教員養成を主とするもの（教育専修大学）とに分ち、普通大学は、学問研究を主とするものと高度の専門的職業教育を主とするものと教員養成を主とするものとに分つこと(19)」。

このように、この答申では大学にいくつかの制度的種別を設ける提言がなされており、大学は二年または三年の専修大学と四年以上の普通大学とに分けられている。ここにはもはや短期大学の名前はなかった。短期大学を継承して設置されると思われる専修大学は、工・商・農・教育の専門的職業教育機関として位置づけ直されており、女子が多く在学していた文学や家政などの専攻は、一顧だに与えられていない。教育刷新委員会では女子の高等教育の機会を拡大するために短期大学の必要性が強く主張されたが、そのような問題意識をここに見いだすことは不可能であった。つまり、先に短期大学教育には二つのタイプがあり、教育目的も教育内容も大きく異なっていたと述べたが、専修大学とは、男子のための、職業教育を中心とした短期大学を念頭において、その再編が構想されたものだったのである。そしてこの志向性は、日本経営者団体連盟（以下、日経連と略す）が出した要望書にも貫かれていた。

日経連は一九五二（昭和二七）年一〇月一六日、「新教育制度再検討に関する要望書」を文部・通産当局、全国各県庁、地方自治体、教育委員会、衆参両院、全国各大学に提出した。ここでは、「職業乃至産業教育の面が著しく等閑に附され」ていることが、「新教育制度の基本的欠陥」であるという認識に立って、実業高等学校の充実や新大学制度の改善の必要性が主張されている[20]。この文書では問題提起だけであり、その具体的なあり方については言及されていないが、これを皮切りに、経済界から教育に対する要望書が次々と提出されていくことになる。

この二年後の一九五四（昭和二九）年一二月二三日、日経連は文部省、国会、各政党等関係当局に対して「当面の教育制度改善に関する要望」を提出するが、そこには具体的な改革の方向性が述べられていた。それは六つの提言から成り立っていたが、その特徴は、大学における法文系偏重の是正や職業教育の充実を重点的に謳っている点にあった。そして短期大学のあり方にとって重大な意味をもつものは、「四、中堅的監督者職業人を養成すること」として、「一部新大（四年制大学のこと――引用者）の年限短縮あるいは一部短大と実業高校との一体化などにより五年制の職業専門大学とすること[21]」という項目である。短期大学と実業高校とを合体するなどして、五年制の職業専門大学を作ることが提言されており、これが主に工学系の短期大学を念頭において作られた計画であることは明らかだろう。この五年制専門大学設置の提案は、同じく日経連から出された「新時代の要請に対応する技術教育に関する意見」（一九五六年一一月九日）や、「科学技術教育振興に関する意見」（一九五七年一二月一二日）にも見られるものであった[22]。

このように、職業教育の充実というかけ声のもとに、短期大学の再編、五年制大学の設置という要求が一九五〇年代初めから出されていった。そして注目すべきことに、それは単に私的諮問機関の答申や日経連の要望書というレベルを超えて、文部省においても検討すべき課題として存在していたのである。

一九五四年八月二七日、『朝日新聞』は「短期大学を専門大学に」という見出しのもとに、文部省が短期大学の性格変更に伴う、学校教育法の一部改正案の立案に着手したことを報じている。というのも、この記事によれば、短期大学は二―三年という中途半端な修業年限であり、かつ「『一般の大学』としても『専門または技術者養成機関』としても性格があいまいであ」るために、「卒業生の処遇などをめぐってもとかくの問題が起り、……短大側からも、一般業界からもその改革を強く要望されていた」からである。そして文部省の構想には、「専門技術教育機関としての脱皮新生であり、戦前の専門学校に近い性格を持たそうというねらい」があり、「短大を中心として中学、高校に及ぶ一貫した新技術教育制度をも確立しようとのふくみもある」という。この記事には、改正案の構想が七項目にわたって示されていたが、六項目までは技術者養成を目的とした短期大学の再編計画であった。ただ第七番目の項目には、「短大に学ぶ者の五割は女子学生であるから、とくに女子教育の面での質の向上を図るための適当な指導法を研究する」という一節が入っている。これは、六項目までの技術者養成教育とかなりかけ離れた内容であり、女子教育のあり方と技術者養成教育とがどのような関連性にあるのか、両者の論理的な整合性が図られないままに並んでいた。

そもそも女子のための教養教育という側面と、職業教育・技術者養成教育という側面とをどのように関連づけるのかは、かなり困難な問題であるが、これは短期大学再編にとっては避けて通ることのできない問題でもある。しかし文部省の主眼は後者におかれており、前者の問題はあまり視野に入っていなかったといえるだろう。このことは、同年一一月一日の『朝日新聞』に掲載された、「文部省の大学制度改革構想」という記事からも見てとることができる。これには、短期大学制度の検討を急ぐべきだとする大達茂雄文相の意向が紹介され、短期大学について、「従来の専門学校が果たしてきた中堅的職業人の育成の目的にかなった（一）大学とは別の学校制度を考慮する」ことが述べられていた。文部省が職業教育の観点から短期大学制度の改革を構想していたことは明らかであり、中央教育審議会（以下、中教審と略する）でももっぱらこの視点から、短期大学のあり方が論議されていった。

中教審において短期大学のことがはじめて言及されたのは、一九五四年一一月一五日の「大学入学者選考およびこれに関連する事項についての答申」においてであった。大学への入学者選考の問題と短期大学の存在とはさほど関係ないように見えるが、ここでは、四年制大学の入学難を緩和するために、短期大学を恒久的な教育機関とすることが提案されている。そしてその短期大学は専科大学と呼ばれており、「深く専門の学芸に関する教育を行い、主として職業に必要な能力を育成することを目的とする」[23]ものであった。したがってその性格は「主として専門教育を行う完成教育機関」であり、その修業年限は「現行の短期大学の修業年限2年または3年の外に、現行の高等学校および短期大学とを合わせてその修業年限を5年または6年」とされていた。[24] ただこの答申の主たるテーマはあくまでも大学入学問題であるために、短期大学の改革についてはこれ以上、言及されていない。

そして一九五六（昭和三一）年一二月一〇日、中教審は「短期大学制度の改善についての答申」を出した。諮問が行われたのは一九五五（昭和三〇）年一〇月一七日であるが、松村謙三文相はその際、諮問理由を次のように述べている。「短期大学は、戦後の学制改革に伴って発足し、高等教育機関として重要な役割を果してきたのであるが、現在なお暫定的制度となっており、また、今日までの実績に徴しても種々検討を要する点が認められる。……その目的・性格、高等学校教育との関連および女子教育の特殊性などについてさらに検討を加え早急に改善措置を講ずる必要があると考える[25]」。

すでにこの時には女子学生の方が男子学生数を上回っていたのであるから、「女子教育の特殊性」という認識自体に問題があると言わざるをえないが、このようなところにも、短期大学の改革を職業教育の観点からとらえていたことがうかがえる。なお、ここで「種々検討を要する点」と述べられていることは、すでに指摘した、短期大学教育の中途半端な修業年限や性格の曖昧さだけでなく、そこからもたらされる就職状況の悪さも指していると思われる。[26]

また諮問には、参考として大学学術局長が説明した「短期大学制度の改正についての問題点」が付記されており、その中には、「女子教育における短期大学の目的・性格・教育内容等は必ずしも男子の場合と同様でないことを、考慮して欲しいとの意見」[27]があったことが明記されていた。

しかし、翌年に出された答申に、女子教育の問題がさほど組み入れられているわけではなかった。答申では、短期大学を恒久的な制度とすること、「主として職業または実際生活に必要な能力を育成することを目的とする」こと、名称は「短期大学あるいはその他の名称」とすること、修業年限は二年または三年、あるいは高等学校の課程と合わせた五年または六年とすることが、述べられている。[28]目的規定における「実際生活」という文言が女子教育を意識したものであったが、女子教育を念頭においた文言はこれだけであり、総じて言えば、「専門教育を行う完成教育機関」としての短期大学に主眼がおかれた答申であったといえるだろう。

翌一九五七（昭和三二）年一一月一一日に中教審が出した「科学技術教育の振興方策について」の答申では、文字通り、科学技術教育の観点から短期大学教育が言及されており、そこでは、「旧制工業専門学校の卒業者に相当する技術者」の必要性、「五年制または六年制の技術専門の学校」の設置が謳われていた。[29]

このように、政令改正諮問委員会の答申、日経連の要望書、中教審の答申を検討してきてわかることは、短大の改革が一貫して職業教育の振興、中堅技術者の養成という観点から、構想されていたことである。そこにはいうまでもなく、高度経済成長を支え、技術革新の時代を牽引していく人材への希求が存在していた。そしてこの動きの延長線上に、政府は一九五八（昭和三三）年三月、第二八国会に学校教育法等の一部を改正する法律案、いわゆる専科大学法案を提出する。この法案の狙いは、中級技術者の養成機関としての専科大学を設置し、暫定措置としての短期大学を専科大学へと再編することにあったが、そこには、女子教育機関としての短期大学の存在は視野に入っていなかった。

では、このような動きを短期大学側はどのようにとらえていただろうか。興味深いことに、公立短期大学と私立短期大学では見解が異なっていた。全国公立短期大学協会では、一九五四年一一月一五日の中教審答申をうけて、一九五五年一一月九日に意見書を提出しているが、そこでは、修業年限が二―三年の専科大学への移行が謳われていた。そしてこの専科大学の目的は、「主として職業に必要な知的、道徳的応用的能力を展開させること」(30)とされている。それに対して、日本私立短期大学協会は、早くも一九五四年一〇月二五日、短期大学の制度的恒久化や短期大学という名称の継続的な使用などを求める決議を行っている。そこでは、職業教育の観点から進められようとしている短期大学改革を意識して、「短期大学の目的使命に甚しい変革を加えないこと」や「短期大学教育を画一化することには反対である」旨が述べられていた(31)。

このように、短期大学の設置主体によって見解の相違があったことは、国会でも話題になっており、中教審へ諮問が行われた数日前の一九五五年一〇月七日、第二二国会参議院文教委員会において、稲田清助文部省大学学術局長は、短期大学に関する質問に対して次のように答弁している。

中央教育審議会の答申を基礎といたしまして、文部省は今日まで検討して参ってきております。

要点を申し上げますと、恒久的な教育機関にするということ、これはどなたも異論のないことだと思います。……公立、私立のこの短期大学協会から、それぞれ強い要望、あるいは意見が出ております。そのうち……私立短期大学が、大体現状維持を希望した意見を強く主張いたしておりますので、いろいろ中央教育審議会の答申なり、文部省の考え方に誤解があってはいけないと考えまして、何度かこの当局と話し合いをいたしてきております。大体の話し合いは、広い意味での大学にするという点については、両者そう意見の食い違いはないのでございますけれども、さらに新しい目的、性格を与えるべきか、あるいは今の短期大学そのままでいいかというような点については、まだ歩み寄りがないのでございます(32)。

ここでいう新しい目的、性格とは、いうまでもなく職業教育に重点化した中教審さらには文部省の短期大学改革構想を指しているが、そのような意向と私立短期大学側との考えとの間には、明らかに齟齬が存在していた。

そして私立短期大学側の反対は一九五六年になっても続き、中教審において短期大学問題が話し合われている最中の一九五六年六月一八日には、次のような新聞記事が掲載されている。「公立短大協会がさる一五、六両日の総会でも確認したように、短大を『専科大学』として、専門教育の機関としたいとするのに対し、私立の、特に女子短大側は現行通り一般的な高等教育をもこれに含めようとしている(33)」。さらに一九五六年一二月一一日、この日は中教審の答申が出た翌日であったが、次のような新聞記事がある。「私立短大側の反対が非常に強いので、これ（学校教育法の改正——引用者）をこんどの通常国会に提案できるかどうかは疑問だとみる向きが多い。……このような改革はこれまで四年制大学と同格であった短大を〝格下げ〟することになるというもので、いわば経営上の利害関係からの反対だが、それだけにその度合いはかなり強いようである」[34]。

二つのタイプがあった短期大学に対して、職業教育という側面だけに焦点を当てた改革が進められようとしていたのであるから、もう一つの、女子教育という視点から反対の声があがるのは当然であろう。では、女子教育を主に担ってきた私立短期大学側は、短期大学教育をどのようなものとしてとらえていたのだろうか。

## 四　女子教育機関としての純化

短期大学が成立した一九五〇（昭和二五）年、一九四六（昭和二一）年に結成された全国私立専門学校協会を引き継ぐ形で、日本私立短期大学協会が設立された。そしてここそが、女子教育の観点から短期大学の恒久化を強く主張し、短期大学が中堅職業人の養成教育機関となることに明確に反対の意思表示をしたのである[35]。私立短期大学はその多くが女子短期大学であったから、ここに集った人々は、短期大学を女子教育機関としてとらえており、それは、日経連や中教審が念頭においていた短期大学像とは明らかに異なっていた。いったい彼らは、短期大学をどのような教育機関としてとらえていたのだろうか。日本私立短期大学協会の機関誌である『日本私立短期大学協会会報』（一九五一年一一月―一九五八年一月、但し、不定期刊。以下、『会報』と略す。なお、これは一九五八年九月より『短期大学教育』と改題されている）に掲載されている論考を通して、この問題を考察していくことにしたい。

『会報』の第一号（一九五一年一一月）や第二号（一九五三年一〇月）に掲載された、短期大学教育についての論考を読んでいると、必ずしも女子教育ということを意識しないで書かれたものが多いことに気づく。短期大学の学生はまだ男子の方が多い状態だったから、当然といえば当然であるが、先に述べた政令改正諮問委員会の案に賛成するものや、[36] 旧制専門学校にならい、実業教育を中心に発達すべきことを説くものなどがあった。[37] しかし一九五四（昭和二九）年の中教審答申以後、このような論調は影を潜めていき、政府が進めようとしていた短期大学の職業教育機関化に対抗して、女子教育機関としての存在意義を強調する文章がほとんどをしめるようになっていった。

もちろんだからといって、初期の『会報』に女子教育の観点から書かれた論考が掲載されていないわけではない。しかしその論調もまた、一九五〇年代半ばのものとは異なっていた。たとえば、短期大学における女子の職業教育について、第一号に論考を掲載している実生すぎ（梅花女子短期大学）は次のように述べている。

女子も、職業をとらねばならぬように、自然になりつゝあります。……古い型の良妻賢母は、消滅しつゝあります。……家政は女子の一つの職業であると考えられぬ事もありませんが、この職業は、夫があつて初めて成立する業で、夫が死ねば忽ち、頓挫する仕事であります。又、すべての女子がみな、夫を見つけ得るわけでもありません。……社会に役立ち、自分の好みと力に適合した技能をみつけて、それを磨き上げ、自信と希望をもつて将来にむかい得れば、幸福をかち得ます。短期大学こそ、この準備をするために、最も適した施設であると云えましょう(38)。

戦争によって寡婦となった女性が多数存在し、若い男性の戦死によって男女数のアンバランスが起こっていた時代状況を反映した文章であるが、彼女によれば、女性はもはや良妻賢母としてではなく、職業に従事する社会人として生きていくことが必要なのであった。その準備のために、短期大学は重要な役割を果たすのであり、彼女が短期大学教育を職業教育という観点から評価していたことがわかる。

また森本武也（東京文化短期大学）は、短期大学が「大学」であることの意味を次のように語っていた。「卒業年令は旧専門学校の場合と同年令であるのに、たつた二年間在学することによつて『大学』卒業生として取扱われ、その上職業に就き得る資格と自信とが得られるところに、短大に対する大きな魅力が感ぜられるのである。ことに女子短期大学の場合には、その魅力が一層強くなるものと考えられる(39)」。現代に生きるわたしたちにはなかなか想像することが難しいが、戦前における専門学校と大学との「格」の違いを知っている者にとっては、短期大学が大学の一種であったことの意味は大きかったといえるだろう。そうであるからこそ、短期大学に通うことは、女子にとって魅力となり、職業へ就く際の資格や自信をもたらすものになると、彼は考えたのである。

そのうえで、彼は次のように述べている。「平常な結婚コースを進む婦人が家政科卒業によつてよりよき『良妻賢母』となり、家政の迅速合理的処理により、余暇を以て自分と家族の文化的活動に時間を使えるようになることは、女子高等教育の大きな狙いであるが、又、一度このコースから外れた場合にも立派に生き抜けられるところに短期大学教育の秘められた希望があるわけである」(40)。良妻賢母になることを「平常のコース」ととらえたうえでのことであるが、それでもそうならないライフコースを認め、その観点から短期大学を意義づけている点が興味深い。実生にしろ、森本にしろ、女性の生き方を良妻賢母に限定しない地平に立ち、女性の人生を切りひらいていく手助けになるものとして、積極的に短期大学を位置づけているといえるだろう。

もう一つ紹介しておきたいが、それは、教育学者である海後宗臣（東京大学）の一九五七（昭和三二）年の論考である。彼は短期大学関係者ではないが、次のように、短期大学の専門職業教育機関としての意義を語っていた。

> 短期大学の特殊な性格として更に注目しなければならないことは、この大学への進学者は女子が多いということである。……女子の従事する多くの仕事を基として女子に殊有（ママ）な専門化がなされねばならないことは言うまでもない。若しも短期大学における専門教育を男子の就職本位に考

えているならばそれは甚しい誤りである。……短期大学における女子学生の中には、特に何かの職業につくということではなく、高等学校以上の高度な文化的教養をもちたいと希望するものがある。……それは家庭婦人となるばかりではなく、様々な分野において女子としての活動をするために、このような高度な一般教養が必要となつているのである(41)。

ここで彼は、短期大学の学生には女子が多いがゆえに、女子の職業への従事にあわせて短期大学では専門的な職業教育がなされなければならないことを主張している。したがって、当時進行しつつあった、男子のための教育を念頭においた短期大学改革は批判されるべきものとして存在していた。しかし他方で彼は、男子のような就職本位の職業教育とは異なるものとして、女子のための職業教育を提唱している。女性の生き方を「家庭婦人」に限定し、そのための教育機関として短期大学をとらえているわけではないが、男子のための教育とは明らかに異なるものとして、短期大学教育を位置づけていたといえるだろう。しかし海後の主張は、一九五〇年代後半の『会報』（『短期大学教育』）にあっては少数意見であり、主婦としての女性の生き方と密接に関わるものとして短期大学をとらえる意見が次第に目立ってくることになる。

たとえば、次に引用する伊藤嘉夫（跡見学園短期大学）の主張は、海後とはまったく異なっていた。彼は、「短期大学と女子教育」(42)において、「旧制度に於ける女子教育に場合《ママ》は、高等女学校卒業を以て、大体に於いて中流家庭婦人の教養標準となつていた。今後に於けるこれに代る格差《ママ》のものは短期大学のほかはない。そこに女子教育としての短期大学の使命は大きい」と述べ、短期大学では「中流以上の家庭婦人を標準目標としての教育」を行うべきであるという。というのも、「現行の高等学校教育に於いては、しばしば男女同権の光におおわれて、特に女子の人間形成のために必要な諸智識と技術を履修することなく、一般教育を終る者が少くない。……かつての高等女学校に於いて一般女性が得ていた智識と技芸を全く履修しない者が大部分であり、この結果の一端として、我が国未曾有の料理学校、洋裁学校の茶道、花道のブームを出現している」からである。

短期大学が、旧制専門学校の大学への昇格問題を解決する手段として設置されたことを考えるならば、短期大学を旧制専門学校ではなくて高等女学校になぞらえることは、短期大学成立時点では考えられないことであった。しかし彼は、短期大学を女というジェンダーを伝達する教育機関ととらえるがゆえに、高等女学校を継承したものととらえ、女子教育機関として大きな使命をもっていると考えたのである。つまり、戦前にあった中等教育段階以降の男女別学体制や性による教育の相違が、戦後教育には存在しない状況を踏まえたうえで、彼にとって短期大学とは、旧制高等女学校のような、女子向きの教育を行う場なのであった。

教育刷新委員会における河井道、あるいはここで検討した実生や森本、海後が、女子の高等教育を振興し、職業能力を形成するという観点から「女子」を強調していたのに対し、伊藤は主婦を養成するという文脈において、短期大学が「女子」のための教育機関であることを主張したのである。同じく「女子」という言葉を使っても、そこに込められている意味が随分と違っていたことがわかる。そして短期大学の改革のために専科大学法案が一九五八（昭和三三）年に第二八国会に上程されると、このような考え方はより強くなり、『会報』（『短期大学教育』）の中心をしめるようになっていった。

たとえば、石井鋼次郎（東横学園女子短期大学）は一九五八年に次のように述べている。「四年制においても短大においても、国立の女子教育機関が著しく軽視せられている……女子教育の欠陥を極めて大きくカバーしているのが私立女子短大の存在である……国立（の短期大学――引用者）では男子を目標として実業系統を主眼とするのに対して、公・私立ともに女子を対象とする家政科教育が特に目立ち、短大の女子教育は公・私立で維持されていることが明らかである(43)」。

このように見てくれば、伊藤にしろ石井にしろ、彼らが女子の特性に配慮した教育が戦後教育においておろそかにされていることを問題視し、自分たちこそがそのような教育をなしうるという自負心をもっていたことがわかる。あるいは、次のような発言も存在していた。「形式的な、外形的に男女を一緒のところにおいておくという共学ではなくて、おくれた女子教育に男子と均等の機会を与えることです。男女の相違をよく認めて、男女の優劣論ではなくして、男女それぞれの能力の方向と種類が違うということを意識して、日本の将来の社会を背負う婦人を作る教育の公道を作りたい(44)」。

つまり、戦後教育改革において推進された男女共学あるいは男女平等の教育を、「女子の特性教育」をおろそかにした「形式的に平等な教育」、別の言い方をすれば、男というジェンダーにあわせた教育としてとらえていたことがわかる。そうであるからこそ、短期大学は女子のための教育機関として存在意義があったのである。そしてこのような意味づけが明確化、深化していったのは、一九五〇年代半ばであり、それは短期大学の再編をめぐる議論が活発化していったことと深く関係していた。先に引用した石井は、「もし、今次の短大改革案がこの事実を無視し、短大を軽視する認識の不足に基くならば問題は重大であり、……男女・学科別を無視した画一化の改革はなすべきでない」[45]とも述べており、彼が明確に短期大学の改革論議を意識して、この文章を書いていたことがわかる。中堅技術者の養成という観点から短期大学の改革が行われようとしている状況の中で、私立短期大学側としては、女子の特性に応じた教育を行う、女子教育機関であることを強調し、そのことを通して自らの存続を図っていったといえるだろう。

その結果、女子短期大学の教育目的は花嫁の育成にあるという発言が公然と発せられるようにもなっていった。たとえば、下田吉人（大阪女子学園短期大学）は次のように述べている。「日本国民の半分は女性です。そして女性は最良の妻なり、最良の母たるために、最良の教育を受ける権利を持つはずです。この要請に答え得るものが、女子の短大であります。……女子の短大は結婚準備の場であり、主婦養成の道場であるとの趣旨を貫きたいのです[46]」。

先ほどの石井の発言にも見られたが、国立の学校が女というジェンダーに応じた教育を行っていないなかで、自分たち私立短期大学こそが花嫁となるための教育をやっており、それは社会情勢にも適ったことであるという、自負心と自信をここに見てとることができる。このような趣旨の発言は、『短期大学教育』にいくつも見いだすことができるが、短期大学が花嫁学校であるということは、けっして自嘲的に語られるものではなく、堂々と宣言されるものだったのである。(47)

このように短期大学教育は将来の主婦役割に収斂していくべきものとして語られていったが、興味深いことに、短期大学で行われる職業教育すらも、将来の主婦役割という観点から意味づけられていた。日本私立短期大学協会の会長である松本生太（京浜女子短期大学）は、座談会の席上、「短期大学は花嫁教育だとかなんとか、いろいろいわれておるのですが……(48)」という言葉を受けて、次のように語っている。

> 女子というものは性質上妻君《（ママ）》になるということが、一番重要なる問題だ　独身で一生をすごすということは女子の本来の性格に反することなのだ。それで妻君《（ママ）》になる以上は、一家の家庭をおさめるということです。家庭をおさめる以上は、子女の教育を完全にしなければならぬという、これはいうまでもない重大なる義務なのです。その重大なる義務を果す母親たるものが、短期大学をおえて大学教育をたとえ二年でも受けておるということは、母親に対する子どもの信頼というものが非常に違う。……栄養士の資格をもつておる、学校の先生の資格ももつておる。こういうことになれば子どもの信頼というものが非常に強いのです。……嫁さんにゆくということが一番の根本なのだから、花嫁教育ということは、女子で一番大事なことなのだ。嫁さんになれないところの教育をするがごときは国家の根本に反する、こういう考えでおります。(49)

表3－3で見たように、短期大学では一九五〇年代後半から教員養成課程を専攻する学生が増加し、卒業後、幼稚園や小学校の教員、中学校の家庭科や体育科の教員になるものも少なくなかった。また家政科出身者の中には栄養士の資格を取り、その職に就く者もいた。一九六〇（昭和三五）年の『学校基本調査報告書』から計算すると、この年、短期大学の女子卒業生（二万一〇四一人）のうちで就職した者は四九・八％（一万〇四七二人）おり、就職者の二九・九％（三一二七人）が教員、一一・一％（一一五九人）が栄養士となっている。なお、事務職に就いた者は、就職者の四〇・五％（四二三七人）であり、教員や栄養士などの専門職に就いた者が、若干ではあるが事務職を上回っていた。[50] このように、教員や栄養士の資格を取得し、その職に就く者が少なくないにもかかわらず、松本は、職業資格を、職業人としての自立的な生活を支える専門職という視点ではなく、将来の主婦役割や母役割と関連づけてとらえたのである。もちろん、実際には短期大学卒業後に職を得て、結婚後も長く勤めた人もいたであろうが、一九五〇年代後半において私立短期大学関係者は、女性の職業従事をあくまでも結婚までのものと認識していたといえるだろう。

それゆえ、一九六〇年代に入ってからのものであるが、「家庭事情のため就職するというのでなくして、就職もまた社会教育の一つ」[51] という言葉に示されるように、女性が結婚前に社会人としての経験をすることは、経済的な意味よりも、「社会勉強」としてとらえられていた。また短期大学卒業生について、「雇う方として回転率がいい……職場が常にフレッシュで」[52] という発言も存在しており、彼女たちが就職後数年で退職し、主婦となる者と見なされていたことがわかる。

このように、日本私立短期大学協会のメンバー、つまり私立短期大学の学長たちは、政府の意図する短期大学改革が中堅職業人の養成に焦点をあてたものであることが明確化してくるにしたがって、短期大学の女子教育機関としての意義を強調していった。そしてその女子教育機関としての意義とは、性別役割分業観にのっとって、将来の主婦としての役割にふさわしい教育を行うことに、収斂していくものであった。自らの存在意義をアピールし、短期大学の恒久化を実現するためには、中堅職業人の養成機関という目的とは異なる短期大学像を明確化していく必要があったのだろう。しかも一九五四年には女子学生数が男子学生数を上回り、短期大学は実態としても女子教育機関としての性格が強まりつつあった。そのような現実に棹さす形で、私立短期大学側は自らの姿を主婦養成機関と自己規定していったのである。

この女子教育機関としての位置づけは、専科大学法案の審議の過程において、国会議員にも広く共有されていくことになる。次の新聞報道はそのことをよく示している。「私立短大協会では、短大の新規認可が来年四月から打切られることに強く反対し、特に女子短大の経営者や父兄からは短大制度が女子の高等教育、とくに一般教養を中心とした短期教育に大きな貢献をしているという理由で文部省の再考を促してきた。このような事情から自民党のなかにも〝女子教育のため〟とくに短大制度を恒久的なものにしたいとの修正意見が強まっており、文部省も女子教育の実態を調査し、実情に即した制度をとるという幅のある考え方へ変ってきたものである」(53)。

この動きは、専科大学法案の見直しへと繋がっていき、一九五九（昭和三四）年九月の第三二国会参議院文教委員会では、北畠教真（自民党）が宮城・岩手両県の短期大学の調査結果について次のような報告を行っている。

短期大学が女子教育の面において果してきた役割はきわめて大きいものがある。もし戦後、短期大学の制度が認められていなかったならば、おそらく大部分の女子は高等教育を受ける機会に恵まれなかったであろう。その理由は、一つには結婚年齢との関係であり、いま一つは父母負担の関係である。短期大学こそ女子教育を救ったものであり、男女の教育差を縮める役割を果したのである。……短期大学における二カ年という期間は、女子教育には最も適当な修業年限であって、短期大学はひとり技術的な教育ばかりでなく、特に女子教育においては将来主婦として、また母としての教養の基礎を修得させるための高等教育機関としての大きな意義を持っておるから、大学のワクの中に残しておくべきものであるという意味の意見が学長から述べられました。(54)

一九五〇年代前半までは、女子であっても短期大学よりも四年制大学への進学者の方が多かったので、このように短期大学を評価するのは、正当とはいえないであろう。しかし、女子の高等教育機会の拡大という点からみて、短期大学が大きな役割を果たしていることは紛れもない事実であった。とりわけ一九五〇年代後半においては、短期大学は女子教育機関としての確固たる地位を築いており、将来の主婦や母の育成という観点からの短期大学の存在意義は揺るぎないものとなっていた。ただ短期大学への進学者が増加していく背後には、「男子と同一に扱えという議論が本質的にあり、私はその考え方はそれでいいと思いますが、必ずしも全部が同一ではなくて、家庭婦人になるためにはそうではない場合もあり得ると思います。男子ではその程度の一般教養ということでは不十分であるけれども、女子の場合には、将来それが非常に役に立つ一般教育上の問題もあろうかと考えております(55)」という発言にも示されているように、女子には男子に比べて低レベルの教育でよいという考え方が潜んでもいたのである。

結局、専科大学法案は一九五九年に廃案となり、中堅技術者の養成という課題は、一九六一（昭和三六）年の学校教育法の改正にともなう、一九六二（昭和三七）年からの高等専門学校の設置によって果たされた。したがって残された課題は、暫定的な教育機関である短期大学を恒久的なものとするのか否かということだけになった。そのための学校教育法改正案が、一九六四（昭和三九）年四月、第四六国会に提出され、恒久化のための改正案は異議なく全会一致で可決されている。これによって、名実ともに短期大学は制度的に確立し、恒久的な教育機関として存続していくこととなった。

本章では、一九四〇年代後半から五〇年代に焦点をあてて、短期大学がどのような過程を経て設立され、女子教育機関としての性格を明確にしていったのか、そして女子教育機関であるということはどういう意味であるのかを検討してきた。そのことを通して改めて思うのは、女子教育という言葉がもつ意味の二重性である。

すなわち、戦前において大学教育の機会が女子にはほとんどなかった状況を考えれば、短期大学の成立は、たとえ短期のものであったとしても、高等教育の機会の拡大という点から見て意義あることであったといえるだろう。しかしそれは女子には男子とは異なる教育、男子よりは低レベルの教育でよいという、ジェンダー化された高等教育のあり方を生み出すものであった。

また、短期大学が担う女子の職業教育は、一方で、良妻賢母としての生き方とは異なる生き方を保証するものであるとともに、男子の職業教育とは異なるものとして位置づけられている。ここにもジェンダー化された職業教育の姿があった。そしてその延長線上に、女性の職業従事を主婦役割に収斂させてとらえる考え方をも生み出している。

教育の歴史を振り返ってみれば、男子教育が女子教育に先んじて行われ、制度化されてきたことは、日本だけでなく、どこの国においても見られることである。だからこそ、女子教育政策が実施され、女子への教育の普及が図られなければならなかったし、現代においてもその必要性はなくなっていない。しかしながら他方で、女子教育政策が展開されるときには、往々にして、男子と異なる教育、すなわち女というジェンダーに即した教育が構想され、実施されてきたのも事実である。しかもその際には、男子を対象とした教育があたかも「標準」であり、女子のための教育は「特殊」であるかのように扱われるなど、男女の教育には非対称な関係性が存在していた。

本章で検討してきた女子教育機関としての短期大学をめぐる議論には、まさにこの女子教育という言葉の二重性が如実に現れており、短期大学が誕生した歴史的意義も、この二重性において理解されなければならないだろう。

そして一九五〇年代半ばから、政府の短期大学政策が、男子を対象とした教育のみを念頭において展開されていったがゆえに、それに対抗した日本私立短期大学協会の主張は、後者の側面、すなわち女というジェンダーを強調しながら行われていった。そういう意味では、短期大学が女子教育機関であるということの内実は、一九五〇年代後半に入ると変化していったということができる。すなわち、一九五〇年代後半に強調された女子教育とは、「男性は仕事、女性は家事・育児」という性別役割分業観にのっとり、女性が従事する職業すらも、主婦役割から価値づける教育であった。しかもこのような主張の前提には、男女共学あるいは男女平等の教育を女というジェンダーを意識しない教育、それに対して、短期大学の教育を女というジェンダーにふさわしい教育ととらえる構図が存在しており、さらにいえば、この構図には、女子教育のみを性の有徴化のもとに語るという認識枠組みが垣間見える。このような意味において、短期大学は女子教育機関と化したのであり、この位置づけのもとに、恒久的な教育機関としての地歩を築いたのである。

しかも他方で、このような動きと歩調を合わせるかのように、一九五〇年代後半になると、四年制大学に通う女子学生は批判にさらされていくことになる。次章においては、この問題を考察していくことにしたい。

## 注

（1）四年制大学や短期大学への女子進学率は、「性別大学進学率の推移」（http://winet.nwec.jp/toukei/save/xls/L113060.xls）を参照のこと。
（2）『資料日本現代教育史1』三省堂、一九七九年、二三ページ。
（3）なお、女子専門学校が急増したのは、戦後初期ばかりでなく、戦時下においてもそうである。天野郁夫によれば、一九三六年から一九四五年七月までに新設された専門学校は官公私立あわせて一三〇校にのぼり（内訳は、一九三六年―四〇年が二七校、四一年―四三年が三七校、四四年―四五年七月が六六校）、うち女子専門学校は一三校（公立二校、私立一一校）であった（天野 1986: 52）。専門学校全体の数は、『文部省年報』によると、一九三八年に一七九校、一九四三年には二一六校、一九四八年には三五二校となっている。敗戦前後の数年間にいかに増加したかがわかるが、物資や人材が極めて枯渇していたこの時期にこれだけ増加したということは、この時期に新設された専門学校が「粗製濫造」といわれても仕方がないものだったということだろう。だからこそ、新制大学への昇格が困難になる事態が起こったのである。
（4）『お茶の水女子大学百年史』一九八四年、二七五―二七九ページ、参照。ただし、文部省は女子大学の承認に消極的だった。また、以下の新聞記事も参照されたい。「門ひらく『女子帝大』」『朝日新聞』一九四六年三月二一日、「女子大、一年お預け」同、一九四六年四月二三日。
（5）『帝国議会衆議院議事速記録83』東京大学出版会、一九八五年、四〇、四四、五九―六〇ページ、参照。また奈良女子帝国大学創設問題については、山田昇（1999）の研究も参照のこと。
（6）星野あいは自伝において、次のように述懐している。「婦人の委員は、河井先生とわたしとの二人でした。ところがこの二人が女子大学設立に関して意見が対立してしまったのです。……わたしはどうしても男子と同程度の四年制女子大学にしなければならないという主張でした。わたしは短大がいまつくられると、四年制大学が立ちおくれとなり、いつまで経っても日本の女子高等教育は男子並にならないのではないかということを恐れたのでした」（星野あい『小伝』中央公論社、一九六〇年→復刻版、大空社、一九九〇年、一〇四ページ）。星野が四年制女子大学を希求したのは事実だが、後述するように、「対立」ととらえるのは必ずしも妥当ではないように思う。

（7）星野は、ジュニア・カレッジが必要だと述べた後で、「私共としてはなんとか骨を折って四年制の大学をできるだけ沢山作って、日本の女子教育の秩序を高めて行きたいと念願しております」（『会議録』第三巻、二〇三ページ）とも言い、四年制大学こそが中心となるべきことを強調している。

（8）なお山崎は、六・三・三・四制の根本を揺るがすものであるがゆえに、ジュニア・カレッジの設立には反対であり、もしもこのようなものを作るのであれば、高等学校の修業年限を延長した「特殊の二年間教育する高等学校」を考えるべきだとの立場に立っていた（『会議録』第三巻、二〇一—二〇二、二一一—二一三、二一六—二一七、二二三—二二四ページ、参照）。

（9）ステアリング・コミッティとは、文部省・CIE・教育刷新委員会の三者間の相互の連絡調整のために作られた組織である。

（10）第五国会衆議院文部委員会会議録第一五号、一九四九年五月一一日。

（11）第五国会参議院文部委員会会議録第八号、一九四九年四月二六日。

（12）第五国会衆議院文部委員会会議録第一五号、一九四九年五月一一日。

（13）第五国会衆議院文部委員会会議録第一八号、一九四九年五月一四日。

（14）第五国会衆議院文部委員会会議録第一八号、一九四九年五月一四日。

（15）森戸は次のように述べていた。「わが国の現状では、二年あるいは三年制の短期大学あるいはジュニア・カレッジといわれておるものが、正常な四年の制度ではあるが、例外的に、しかし当分ではなく認められるような制度が適当なのではないかと思つておるのであります」（第五国会衆議院文部委員会会議録第一五号、一九四九年五月一一日）。
(16) 第五国会参議院文部委員会会議録第八号、一九四九年四月二六日。
(17) 第五国会衆議院文部委員会会議録第一五号、一九四九年五月一一日。
(18) 文部省『わが国の高等教育』一九六四年、八五ページによれば、女子の高等教育機関進学者の中で、四年制大学入学者の占める割合は、以下の通りである。一九五〇年：六三・二％／一九五一年：五七・九％／一九五三年：五一・九％／一九五四年：五一・七％／一九五五年：四八・六％／一九五六年：四六・九％。（一九五二年は不明）
(19) 『資料日本現代教育史2』三省堂、一九七四年、三六ページ。
(20) 『戦後教育改革構想第I期』第七巻、日本図書センター、二〇〇〇年、六〇―六一ページ、参照。
(21) 同、八一ページ。
(22) 同、七三ページ、一二九ページ、参照。
(23) 教育事情研究会編『中央教育審議会答申総覧（増補版）』ぎょうせい、一九九二年、二〇ページ。
(24) 同、二〇ページ。
(25) 同、四五ページ。また、このように短期大学の再編をめぐる議論が活発化するなかで、日本教育学会では、教育政策特別委員会第二部会大学制度小委員会が一九五六年一月から二月にかけて、全国二六四の短期大学に対して質問紙による実態調査を行い、「短期大学の問題」と題した報告書を一九五七年一月にまとめている。詳細は、『日本教育学会の教育改革意見書・要望書等資料集』一九七二年→復刻版、『戦後教育改革構想第I期』第九巻、日本図書センター、二〇〇〇年、二五二―三二六ページ、参照。
(26) 就職状況に関しては、たとえば、「悪い短期大と女子」『朝日新聞』一九五三年一二月二六日（夕刊）や、「今年の就職」同、一九五五年一二月五日（夕刊）などの記事を参照されたい。

(27) 前掲『中央教育審議会答申総覧（増補版）』四六ページ。

(28) 同、四七ページ参照。

(29) 同、五六ページ参照。

(30) 「資料四　全国公立短期大学協会意見書」『戦後日本の教育改革9　大学教育』東京大学出版会、一九六九年、二七〇―二七一ページ。

(31) 「資料三　日本私立短期大学協会の決議」同、二六九ページ。

(32) 第二二国会参議院文教委員会会議録第閉三号、一九五五年一〇月七日。

(33) 「短期大学制の改善」『朝日新聞』一九五六年六月一八日（夕刊）。

(34) 「短大制度の中教審答申」同、一九五六年一二月一一日。

(35) 『日本私立短期大学協会50年史』二〇〇〇年、によれば、短期大学の恒久化運動は、一九五四年四月二八日の総会において、「短期大学を恒久的教育機関として確立する」旨の決議を行ったことを発端とするという。そして同年一〇月二〇日の臨時総会において、恒久化のための「学校教育法改正原案」を決定した。その後、文部省や国会などに短期大学の恒久化についての意見書や要望書を提出し、中教審答申そのままの法制化への反対運動を展開している。詳しくは、同書の一四―一八、五二―七一ページを参照されたい。また篠田弘（1982）も参照のこと。

(36) 松本生太「祖国再興と短期大学」『日本私立短期大学協会会報』（以下、『会報』と略記する）第一号、一九五一年一一月、参照。

(37) 世耕弘一「短大と職業教育」『会報』第二号、一九五三年一〇月、参照。これ以外にも、清水福市「短期大学についての反省」同、松縄信太「短期大学と技術教育について」同、もある。

(38) 実生すぎ「女子のセミ・プロフエツシヨン教育」同、第一号、一九五一年一一月。

(39) 森本武也「女子教育と短期大学」同、第一号、一九五一年一一月。
(40) 同。
(41) 海後宗臣「学校体系における短期大学の性格」『会報』第五号、一九五七年七月。
(42) 伊藤嘉夫「短期大学と女子教育」同、第四号、一九五六年一一月。
(43) 石井鋼次郎「短大の女子教育について」『短期大学教育』第七号、一九五八年九月。
(44) 座談会「戦後における女子教育」同、第八号、一九五九年三月、における清水二郎の発言。
(45) 前掲石井鋼次郎「短大の女子教育について」。
(46) 下田吉人「短期大学の教育について」『短期大学教育』第九号、一九五九年九月。
(47) たとえば、座談会「世界に類のない短期大学の繁栄」同、第八号、一九五九年三月、では、花嫁教育という言葉につられて男子教育は花婿教育だという言葉も飛び出しており、「もっともよき花婿は何かというと、社会で有用な働きができる人間なんだよ、だからそれが花婿の本質なんだと思う」（小野光洋〔立正学園女子短期大学〕）と語られていた。ここに集った人々は、「男は仕事、女は家事・育児」という性別役割分業観を明確にもち、性別に応じた教育の必要性を認識していたが、花婿教育と花嫁教育という言葉を使うことによって、それがはしなくも露呈している。また、前掲座談会「戦後における女子教育」も参照のこと。
(48) 中原稔（日本私立短期大学協会事務局長）の発言。座談会「世界に類のない短期大学の繁栄」同、第八号、一九五九年三月。
(49) 前掲座談会「世界に類のない短期大学の繁栄」。
(50) 一九六〇年度の『学校基本調査報告書』二七八―二八三ページ、を参照されたい。なお、教員の内訳は、小学校教員四九二人、中学校教員九九三人、高等学校教員二一二人、大学教員四二人、その他の学校の教員一三八八人である。

(51) 座談会「短期大学の現状を顧みて」『短期大学教育』第一五号、一九六三年三月、における、勝本鼎一（神戸山手女子短期大学）の発言。

(52) 前掲座談会「短期大学の現状を顧みて」における、門野良雄（椿本チェイン製作所）の発言。したがってこれは短期大学関係者の発言ではないが、これに対して座談会に参加していた短期大学関係者たちは同意しているので、ここで引用した。

(53)「女子教育実態を調査」『朝日新聞』一九五八年一二月三〇日。

(54) 第三二国会参議院文教委員会会議録閉第四号、一九五九年九月二二日。

(55) 堀昌雄（社会党）の発言。第三一国会衆議院文教委員会会議録第一一号、一九五九年三月一一日。

# 第四章　女子学生批判が意味したもの

女子学生亡国論という言葉を知っているだろうか。この言葉自体は、『週刊新潮』の一九六二年三月五日号に掲載された、「早大国文科の美人の級友」という記事の中で、見出しとしてはじめて用いられたものである。そしてこれは、女性と大学教育との関係を象徴する言葉として、一九六〇年代前半に一世を風靡し、主に一般向けの週刊誌や月刊誌などで、センセーショナルに論じられていった。その意味するところは、読んで字の如く、女性が大学に通うことは「国を亡ぼす」もとであるということであり、この議論の発端は、早稲田大学の教授であった暉峻康隆が『婦人公論』一九六二年三月号に発表した一文、「女子学生世にはばかる」であるとよく言われる。しかしジャーナリズムではすでに一九五〇年代後半から、女子大学や女子学生を批判的なまなざしで論じた論考、すなわち女子大学無用論が発表されはじめていた。したがって、女子学生批判が女子学生亡国論として一挙に話題になったのが一九六二（昭和三七）年三月であったとしても、その萌芽はすでに一九五〇年代後半にあったといえるだろう。

それにしても、新制大学が発足したのが一部で一九四八（昭和二三）年、基本的には一九四九（昭和二四）年であるから、それから一〇年足らずの時点で、女子大学や女子学生の存在が、ジャーナリズムの話題となっていたことになる。いったいなぜ女子大学は無用と言われたのだろうか。そして女性が大学に通うことが、なぜ「亡国」という激しい言葉を使ってまでも、批判されなければならなかったのだろうか。しかも、女子学生亡国論に示された、女子学生に対する八つ当たり気味の反発は、単なる私情の吐露に終わることなく、一九六六（昭和四一）年になると、女子学生の大学入学の制限という教育政策上の問題へと発展していった。すなわち、この年、熊本大学の学長が激増する薬学部への女子の入学者を制限したいと発言し、一九六七（昭和四二）年度の入試要項に、「女子が薬学部製薬学科を第1志望にすることは、学科の性質上好ましくない(1)」と、但し書きがつけられたのである。

戦前において女性が高等教育を受ける機会は制度的に制限されていたが、戦後の教育改革によって男女均等な教育機会が制度的に実現し、女性は男性と同じように高等教育を受けることが可能となった。しかし女子学生批判の存在は、このような制度上の変革にもかかわらず、女性が大学教育を受けることに対して、社会に抵抗感があったことを示している。そういう意味で、女子学生批判は、制度上の教育機会の男女均等と内実における男女差という二重基準の問題や、女性にとっての大学教育の意味を考えていく際の好個の素材として、存在しているといえるだろう。

女子学生批判は、学問的な議論ではなく、感情にまかせて書かれているエッセイが多いため、議論が整理されているとは言い難く、論理は錯綜している。たとえば、女子学生とは、女子大学に通う学生のことなのか、大学に通う女子学生のことなのか、あるいは短期大学生も含むのか、曖昧なものがあるし、特定の学部（たとえば文学部や薬学部、家政学部）に通う女子学生を念頭においた議論もある。また女性が大学教育を受けること自体を問題にする議論もあれば、大学教育を受ける女性が増加することを問題視する議論もあり、はたまた、女子大学や共学の大学といった、特定の教育機関を問題にするものもあった。しかしこの錯綜した議論こそが、当時の人々の女子学生に対する当惑を反映しているように思う。

女子学生への批判は、ジャーナリズムで主に展開されたものであり、しかも感情的で品のない議論が多いためか、わずかな研究（荻野 1992、加納 1992）を除いて、これまでほとんど論じられてこなかった。しかしこの議論は、だからこそ、男性と同じように大学教育を受ける女性という存在を社会がどのようにとらえていたのか、ストレートに示していると思う。そこで、一九五〇年代後半から一〇年ほどの間に繰り広げられた議論を検討し、女性が大学教育を受けることがどのように受け止められていたのか、考察していくことにしたい(2)。

## 一　四年制大学に通う女性たち

前章で、教育刷新委員会におけるジュニア・カレッジをめぐる議論を検討した際に、高等教育を、共学大学――四年制の女子大学――ジュニア・カレッジ、という序列構造においてとらえる見方や、四年制の大学は女子にふさわしくないとする考え方があったことを紹介した。ただその時点では、前者の発言は女子高等教育の振興という文脈において語られていたし、後者のような考え方は教育の民主化、男女平等化という理念の下では顧みられることはなかった。そして一部では一九四八年から、本格的には一九四九年から、共学の大学や女子大学に進学する女子学生たちが誕生していくことになる。いわば女子学生の存在が現実のものとなったのである。

しかし新しい戦後の教育制度が定着し、女子学生の姿が目新しいものとは感じられなくなったであろう一九五〇年代半ばになると、女子大学や女子学生を批判したり、貶めたりする主張が、雑誌に掲載されるようになっていき、一九六二年には女子学生亡国論が提起されるに至る。前章で述べたように、この時期は短期大学が女子教育機関としての性格を明確化させていった時期であった。だからこそ、四年制大学に通う女子学生は批判の対象になったのかとも思うが、そもそも、当時の四年制大学への女子の進学状況は、どのようなものだったのだろうか。女子学生に対する批判の内容を検討する前に、一九五〇年代後半から六〇年代にかけての女子高等教育のありようをまずは統計的に明らかにし、女子学生に対する批判が起きた社会的背景を検討しておきたい。

表4－1は、四年制大学と短期大学への進学率の変化を示したものである。男女とも、進学率が上昇するのは一九六〇年代に入ってからであることがわかるが、四年制大学と短期大学を合わせた進学率が、一九五九（昭和三四）年には女子が五・一％、男子が一五・〇％であるのに対して、

表4-1　大学進学率の変化

（%）

| 年度 | 4年制大学 | | 短期大学 | | 計 | |
|---|---|---|---|---|---|---|
| | 女子 | 男子 | 女子 | 男子 | 女子 | 男子 |
| 1955 | 2.4 | 13.1 | 2.6 | 1.9 | 5.0 | 15.0 |
| 1957 | 2.5 | 15.2 | 2.9 | 1.6 | 5.4 | 16.8 |
| 1959 | 2.3 | 13.7 | 2.8 | 1.3 | 5.1 | 15.0 |
| 1961 | 3.0 | 15.4 | 3.5 | 1.5 | 6.5 | 16.9 |
| 1963 | 3.9 | 19.8 | 5.1 | 1.9 | 9.0 | 21.7 |
| 1965 | 4.6 | 20.7 | 6.7 | 1.7 | 11.3 | 22.4 |
| 1967 | 4.9 | 20.5 | 8.5 | 1.6 | 13.4 | 22.2 |
| 1969 | 5.8 | 24.7 | 10.3 | 1.9 | 16.1 | 26.6 |
| | | | | | | |
| 2005 | 36.8 | 51.3 | 13.0 | 1.8 | 49.8 | 53.1 |

性別大学進学率の推移（http://winet.nwec.jp/toukei/save/xls/L113060.xls）より作成

一九六五（昭和四〇）年にはそれぞれ、一一・三％と二二・四％、一九六九（昭和四四）年には一六・一％と二六・六％となっており、女子の進学率の伸びが男子よりも顕著だったことがわかる。そしてその女子の伸びの多くをしめるものが、短期大学への進学であり、一九六〇年代初頭までさほど差がなかった四年制大学と短期大学の進学率は、その後、大きく開いていった。そういう意味では、まさに「女子は短大、男子は四大」という進学状況が生まれていたのだが、それでも、四年制大学への女子進学率は、一九六〇年代に入ると徐々にではあるが、増加してきていた。

その増加のありようを入学者数で示したものが、表4－2である。この表で注目したいことは、一九六〇年代前半において、四年制大学の入学者にしめる女子の割合が、数パーセントではあるが増加したことである。男女ともに、一九六〇年代は四年制大学への進学率が上昇しているが、大学生全体にしめる女子の割合が増加した

表4-2　大学の入学者数と女子の割合

| 年度 | 女子 | 男子 | 計 | 女子の割合（%） |
|---|---|---|---|---|
| 1955 | 20,246 | 116,221 | 136,467 | 14.8 |
| 1957 | 19,381 | 121,700 | 141,081 | 13.7 |
| 1959 | 21,824 | 133,862 | 155,686 | 14.0 |
| 1961 | 28,008 | 151,614 | 179,622 | 15.6 |
| 1963 | 34,188 | 181,696 | 215,884 | 15.8 |
| 1965 | 44,232 | 205,685 | 249,917 | 17.7 |
| 1967 | 58,499 | 254,248 | 312,747 | 18.7 |
| 1969 | 60,585 | 268,789 | 329,374 | 18.4 |
| | | | | |
| 2007 | 257,766 | 355,847 | 613,613 | 42.0 |

各年度の『学校基本調査報告書』より作成

のは、六〇年代前半の現象だったといえるだろう。一九五九年、皇太子の結婚によって、いわゆるミッチーブームがおき、女子大学が人気となったといわれるが、もしかしたら、それがこの増加を後押ししているのかもしれない。それはともあれ、女子学生亡国論が華々しく議論されていた一九六〇年代前半とは、まさに女子学生の割合が増加している時期だったのである。

では、その四年制大学に通う女子学生はどこに通っていたのか。表4－3は、国立・公立・私立という大学の設置主体別に、在学する男女学生の割合を出したものであるが、ここから、私立大学に通う女子学生の割合がかなり高くなってきていることがわかる。この時期は、表4－4を見ても明らかなように、私立大学の新設が相次ぎ、大学数が増えていたので、私立大学生の割合が高くなるのは当然のことであるが、それにしても、一九六〇年代における私立大学に通う女子学生の増加には目を見張るものがある。この数字をもとに計算すれば、

表4−3　大学における設置者別男女学生の割合

| 年度 | 国立 | | 公立 | | 私立 | |
|---|---|---|---|---|---|---|
| | 女子 | 男子 | 女子 | 男子 | 女子 | 男子 |
| 1955 | 4.9 | 29.7 | 0.8 | 4.0 | 6.7 | 53.8 |
| 1957 | 4.6 | 27.5 | 0.9 | 3.8 | 7.2 | 56.1 |
| 1959 | 4.7 | 26.0 | 0.9 | 3.7 | 7.7 | 57.0 |
| 1961 | 4.9 | 23.8 | 0.9 | 3.6 | 8.6 | 58.3 |
| 1963 | 4.7 | 21.1 | 0.9 | 3.4 | 19.9 | 60.0 |
| 1965 | 4.5 | 19.4 | 0.8 | 3.1 | 11.1 | 61.1 |
| 1967 | 4.2 | 17.7 | 0.9 | 2.8 | 12.6 | 61.8 |
| 1969 | 4.0 | 16.8 | 0.9 | 2.6 | 13.3 | 62.4 |
| | | | | | | |
| 2007 | 6.5 | 11.7 | 2.4 | 2.1 | 31.9 | 45.5 |

各年度の『学校基本調査報告書』より作成

一九五九年において私立大学生の約八・三人に一人が女子学生であったのに対して、一九六五年には約六・五人に一人、一九六九年には約五・七人に一人にまで、女子学生が増加していた。

ところで表4−4は、女子大学、男子大学、共学大学の数を設置主体別に示したものである。この表を見ると、国立と公立の大学数はほとんど増減がないのに対して、私立大学のみが増加していることがわかる。そして注目すべきは、私立大学の中でも、共学大学よりは女子大学の増加の方が著しいことである。全大学にしめる私立女子大学は、一九五五（昭和三〇）年に二二八校中二六校、つまり一一・四％だったのに対して、一〇年後には三一七校中五四校、一七・〇％となっていた（ちなみに、全大学にしめる共学の私立大学は、一九五五年においては四〇・八％、一九六五年には四六・一％である）。また全大学にしめる女子大学の割合は、一九五五年に一四・〇％であったものが、一九六五年には一九・六％に増えており、

## 表4-4　男女別設置者別大学数

| 年度 | 女子のみ | | | | 男子のみ | | | | 男女とも在学 | | | | 計 |
|---|---|---|---|---|---|---|---|---|---|---|---|---|---|
| | 国立 | 公立 | 私立 | 計 | 国立 | 公立 | 私立 | 計 | 国立 | 公立 | 私立 | 計 | |
| 1955 | 2 | 4 | 26 | 32 | 3 | 1 | 3 | 7 | 67 | 29 | 93 | 189 | 228 |
| 1957 | 2 | 5 | 25 | 32 | 2 | 3 | 3 | 8 | 68 | 26 | 96 | 190 | 231*1 |
| 1959 | 2 | 5 | 30 | 37 | 3 | 1 | 4 | 8 | 67 | 26 | 101 | 194 | 239 |
| 1961 | 2 | 4 | 33 | 39 | 2 | 2 | 5 | 9 | 68 | 27 | 107 | 202 | 250 |
| 1963 | 2 | 5 | 37 | 44 | 4 | 1 | 4 | 9 | 66 | 28 | 123 | 217 | 270 |
| 1965 | 2 | 6 | 54 | 62 | 4 | 0 | 9 | 13 | 67 | 29 | 146 | 242 | 317 |
| 1967 | 2 | 7 | 71 | 80 | 3 | 1 | 7 | 11 | 69 | 31 | 178 | 278 | 369 |
| 1969 | 2 | 7 | 73 | 82 | 2 | 0 | 4 | 6 | 71 | 27 | 193 | 291 | 379 |
| | | | | | | | | | | | | | |
| 2007 | 2 | 6 | 74 | 82 | 0 | 0 | 0 | 0 | 81 | 81 | 489 | 651 | 756 |

注）男女別の区分は、学部学生の在学状況による

*1　不明が1校含まれている

1965年までは『日本の教育統計（昭和23-40年）』1966年、1967年以降は各年度の『学校基本調査報告書』より作成

その増加のほとんどが私立女子大学であったといえるだろう。女子学生の数を、私立の共学大学と女子大学に分けて、統計から明らかにすることは困難なので、はっきりしたことはいえないが、大学数の増加状況から推測すれば、女子大学に通う女子学生が増えていたことが予想できる。

また表4－5は、大学における専攻別の学生の割合を示したものである。これを見ると、一九五〇年代から六〇年代半ばにかけて、女子学生の比率が高まっているのは、「文学」であり、それ以外はさほど変化がないことがわかる。「教員養成」は、男子学生の比率が減少しているので、相対的に女子学生が増えたという印象を与えたであろうが、大学生全体にしめる女子学生の比率でいえば、それほど大きな変化がなかった。つまり、女子学生が増加したといっても、専攻別の女子学生の割合でいえば、それは、「文学」に特化した現象だったのであり、一九六九年になると、「人文科学」は女子学生数が

### 表4−5　大学における専攻別学生の割合

（%）

| | 1955年 | | 1957年 | | 1959年 | | 1961年 | | 1963年 | | 1965年 | | 1967年 | | | 1969年 | | 2007年 | |
|---|---|---|---|---|---|---|---|---|---|---|---|---|---|---|---|---|---|---|---|
| | 女子 | 男子 | 女子 | 男子 | 女子 | 男子 | 女子 | 男子 | 女子 | 男子 | 女子 | 男子 | 女子 | 男子 | | 女子 | 男子 | 女子 | 男子 |
| 文学 | 4.2 | 11.0 | 4.6 | 12.3 | 4.7 | 10.0 | 5.8 | 9.7 | 6.7 | 8.6 | 7.4 | 8.1 | 8.2 | 8.3 | 人文科学 | 6.9 | 6.4 | 10.5 | 5.3 |
| 法政商経 | 0.5 | 38.8 | 0.5 | 39.7 | 0.6 | 40.3 | 0.6 | 40.5 | 0.8 | 40.7 | 0.9 | 40.1 | 1.1 | 39.1 | 社会科学 | 2.1 | 39.8 | 11.4 | 24.9 |
| 理学 | 0.3 | 1.7 | 0.3 | 2.6 | 0.3 | 2.3 | 0.3 | 2.4 | 0.3 | 2.5 | 0.4 | 2.7 | 0.4 | 2.6 | 理学 | 0.4 | 2.7 | 0.8 | 2.5 |
| 工学 | 0.1 | 13.2 | 0.0 | 13.4 | 0.1 | 14.2 | 0.1 | 16.1 | 0.1 | 18.2 | 0.1 | 19.4 | 0.1 | 19.9 | 工学 | 0.1 | 20.6 | 1.7 | 14.9 |
| 商船 | | 0.3 | | 0.3 | | 0.2 | | 0.2 | | 0.2 | | 0.2 | | 0.1 | 商船 | | 0.1 | 0.0 | 0.0 |
| 農学 | 0.1 | 5.1 | 0.1 | 4.9 | 0.0 | 4.5 | 0.1 | 4.5 | 0.1 | 4.2 | 0.1 | 4.0 | 0.2 | 3.7 | 農学 | 0.2 | 3.5 | 1.1 | 1.8 |
| 医歯薬 | 1.4 | 4.4 | 1.6 | 5.0 | 1.3 | 3.6 | 1.4 | 3.2 | 1.4 | 2.8 | 1.4 | 2.6 | 1.4 | 2.4 | 保健 | 1.5 | 2.4 | 4.8 | 3.7 |
| 看護 | | | 0.0 | | 0.0 | | 0.0 | | 0.0 | | 0.0 | | 0.0 | | | | | | |
| 家政 | 1.5 | 0.0 | 1.5 | 0.0 | 1.4 | 0.0 | 1.4 | 0.0 | 1.4 | 0.0 | 1.5 | 0.0 | 1.7 | 0.0 | 家政 | 1.8 | 0.0 | 2.3 | 0.3 |
| 体育 | 0.0 | 0.3 | 0.1 | 0.6 | 0.1 | 0.6 | 0.1 | 0.5 | 0.1 | 0.6 | 0.2 | 0.6 | 0.2 | 0.7 | 教育 | 3.5 | 3.5 | 3.5 | 2.4 |
| 教員養成 | 3.5 | 8.5 | 3.3 | 7.5 | 3.4 | 6.4 | 3.5 | 5.1 | 3.3 | 3.9 | 3.1 | 3.2 | 2.9 | 2.7 | | | | | |
| 芸術 | 0.5 | 0.6 | 0.7 | 1.1 | 0.8 | 0.7 | 0.9 | 0.7 | 1.0 | 0.7 | 1.1 | 0.7 | 1.2 | 0.7 | 芸術 | 1.3 | 0.9 | 2.0 | 0.9 |
| 教養 | 0.3 | 3.6 | | | 0.5 | 4.0 | 0.2 | 2.8 | 0.2 | 2.2 | 0.2 | 2.1 | 0.2 | 2.0 | その他 | 0.4 | 2.0 | 2.4 | 2.6 |
| | 100% | | 100% | | 100% | | 100% | | 100% | | 100% | | 100% | | | 100% | | 100% | |

注）空欄は在籍する学生がいないことを意味している
1963年までは『わが国の高等教育』1964年、1965年以降は各年度の『学校基本調査報告書』より作成

表4-6　設置者別「文学（人文科学）」専攻の学生数

（人）

| 年度 | 国立 | | 公立 | | 私立 | |
|---|---|---|---|---|---|---|
| | 女子 | 男子 | 女子 | 男子 | 女子 | 男子 |
| 1959 | 2,485 | 11,344 | 2,451 | 3,273 | 21,884 | 42,486 |
| 1961 | 3,504 | 12,205 | 2,739 | 3,525 | 30,941 | 46,760 |
| 1963 | 4,638 | 11,647 | 3,335 | 3,852 | 43,276 | 50,195 |
| 1965 | 5,374 | 11,593 | 3,820 | 3,835 | 57,110 | 56,990 |
| 1967 | 6,155 | 12,128 | 4,999 | 4,458 | 79,753 | 75,253 |
| 1969 | 5,523 | 10,945 | 5,063 | 5,003 | 78,686 | 66,647 |
| | | | | | | |
| 2007 | 21,869 | 10,990 | 13,725 | 5,662 | 228,149 | 117,456 |

各年度の『学校基本調査報告書』より作成

男子学生数を上回るまでになったのである。

そして表4－6から明らかになるのは、「文学（人文科学）」における女子学生の増加は、主に私立大学においてのものだったということである。しかも、私立大学で「文学（人文科学）」を専攻する学生は、一九六五年に男女の学生数が逆転し、女子学生数が男子学生数を上回るという事態がおきていた。すなわち、一九六〇年代前半における女子学生の増加を最も顕著に示すものは、私立大学の文学部に通う女子学生の増加という現象だったのである。もちろんここでいう私立大学とは、共学の大学も女子大学も両方含まれており、その内訳を統計的に明らかにすることはできないが、共学の私立大学文学部にも当然、女子学生が増加していたであろうことは推測できる。

その状況の一端を示すものが、表4－7である。これは女子学生亡国論が盛んに議論されているさなかに、週刊誌に掲載されていた数字であり、一九六一（昭和

表4-7　文学部における女子学生比率（1961年）

（%）

| 大学 | 女子学生比率 |
|---|---|
| 学習院大学 | 89 |
| 青山学院大学 | 86 |
| 成城大学 | 78 |
| 立教大学 | 64 |
| 同志社大学 | 50 |
| 関西学院大学 | 45 |
| 慶應義塾大学 | 44 |
| 上智大学 | 44 |
| 国際基督教大学 *1 | 44 |
| 早稲田大学 | 33 |
| 法政大学 | 30 |
| 明治大学 | 27 |
| 東京大学 *2 | 11 |

*1　教養学部
*2　3，4年生のみ
「女子学生は亡国か興国か」『週刊朝日』1962年6月29日、より作成

三六）年におけるいくつかの大学の文学部の女子学生比率を示している。特定の大学において、女子学生比率が著しく高くなっていることがわかる。この表においてもっとも女子学生比率が高かった学習院大学に関しては、学校史で文学部の男女の学生数が明らかにされているので、それをまとめたものが表4－8である。一九五〇年代後半から女子学生が急増し、一九六〇年代半ばには九〇%を超えたことが見てとれる(3)。

現代に生きるわたしたちにとって、文学部の学生の過半数を女子がしめていることは、ごく当たり前のこととして感じられる。しかし女子学生が多数派に転じたのは、一九六〇年代半ばの私立大学においてはじめて生じた出来事であった。しかも一九六〇年代とは、大学教育を受けるのは基本的には男子だけであるという戦前の記憶が、まだ鮮明に人々の脳裡に残っていた時代である。そういう時期に、文学

表4-8　学習院大学文学部における男女学生数と女子の割合

| 年度 | 女子 | 男子 | 計 | 女子の割合（%） |
|---|---|---|---|---|
| 1955 | 419 | 257 | 676 | 62.0 |
| 1957 | 459 | 271 | 730 | 62.9 |
| 1959 | 522 | 239 | 761 | 68.6 |
| 1961 | 730 | 170 | 900 | 81.1 |
| 1963 | 1063 | 119 | 1182 | 89.9 |
| 1965 | 1259 | 96 | 1355 | 92.9 |
| 1967 | 1454 | 160 | 1614 | 90.1 |
| 1969 | 1409 | 308 | 1717 | 82.1 |

『学習院大学50年史』下、2001年、604ページより作成

部では女子学生の方が数において男子学生を上回り、一部の私立大学では女子学生が圧倒的多数をしめる、という事態が出来したのである。大学教育は男子のものであるという価値観を拭いがたくもっている人にとって、それがある意味、衝撃的な出来事であったろうことは想像に難くない。さらにいえば、一九五〇年代後半から、短期大学は女子用の教育機関であることが明確化してきており、そのことが短期大学関係者によって、自信をもって語られていた。つまり、一方では女子用の教育機関であることを鮮明に打ち出していた短期大学がありながら、他方で四年制大学に進学する女子学生が増加し、私立女子大学が新設されていったのである。それらの女子学生たちは主に文学部に進学し、とりわけ私立大学の文学部では女子学生数が男子学生数を上回りつつあった。これが一九六〇年代前半の女子高等教育の状況であった。このような社会的背景のもとに、女子大学無用論や女子学生亡国論が提起されたのである。では、それはどのよう

な議論だったのだろうか。

## 二　女子大学無用論

女性がそれまで受けられなかった学校教育の機会を得るということ、このことは、それまで「男の世界」と考えられていた学校に女性が参入することを意味するがゆえに、何かと世間の注目をひき、巷の話題になりやすい。思い起こせば、女子中等教育が本格的に開始された二〇世紀初頭において、「堕落」女学生の存在が真偽とりまぜて語られ、彼女たちの生態についての議論が雑誌や新聞を賑わした（稲垣 2007: 120–158）。そして戦後社会において女性が大学教育を受けるようになると、まずは女子大学に通う女子学生が論じられる対象として浮上し、女子大学無用論が展開されていくことになる。そのさきがけとでもいうべきものが、中屋健一による「女子大学無用論」（『新潮』一九五七年三月）であった。

彼は東京大学の教員であったが、二年間、女子大学で非常勤講師として教え、その経験をもとに女子大学無用論を展開している。彼の女子大学批判を読んでいくと、自らが東京大学という特権的な立場にいることの自覚がないままに女子大学を批判していることがわかり、彼の主張に首をかしげたくなってしまうこともある。しかしここでの問題は、彼が主張するような女子大学の姿が現実のものであったかどうかということではない。重要なのは、彼が女子大学をどのようなものとして認識し、女子大学に対してどのような考えをもっていたのかということである。いったい彼の目には、女子大学はどのような教育機関として映っていたのだろうか。

彼によれば、女子大学の校舎やキャンパスは美しいが、図書館の蔵書は貧弱であり、教員の給与や研究費も少ないなど、女子大学の教育・研究環境はお粗末なものであった。しかも女子大学は落第を出さないなど、「女子学生だけを集めて甘やかした教育をしている」ともいう。その結果、彼は、「女子学生でも男子学生よりも優秀な素質を持つている学生がいる。しかし、このような女子学生も、婦人専用車的な女子大学で教育されれば、いかに優秀な素質を持つていても、その特性を伸ばす機会に恵まれず、結局は、男性に比して知的に劣る女性となつてしまう」と述べる。

女子大学を批判する人の中には、「男子学生に比して女子学生は能力において低い」[4]と考える人もいたが、中屋はどうやらそのようには考えていなかったようである。彼にとって問題なのは、優秀な素質をもつ女子学生を育てきれない、女子大学の教育レベルの低さであった。そのような女子大学を、彼は「花嫁学校」ととらえ、「前世紀の遺物であって、男女共学があたりまえとなつた今日、有害無益な存在」、「とうてい男女同権は女性にとつて無理だとあきらめて、低い知的水準の向上に積極的に努力しようともしない男女共学反対論者の子女の避難所」というのである。

このような言葉から、彼が共学大学と女子大学とを序列づけ、女子大学を劣ったものととらえていたこと[5]、男女同権の教育は共学大学においてこそなされると考えていたことがわかる。第一章で男女共学について論じた際に、共学には女子の教育水準の向上という意味が付与されていたと述べたが、中屋もまた共学の教育、すなわちこれまで男子が受けてきた大学教育を女子も受けることこそが、女子教育の水準をあげるものであると信じていたといえるだろう。だからこそ、彼は、女子大学の教育のありようを批判的にとらえ、女子大学を無用であると論じたのである。

ただ彼は女子大学を無用だといいつつも、まったく存在意義がないと考えていたわけではなかった。「女性に特に必要な教育を行う女子大学ならば、充分存在理由がある。例えば、家政学部のようなものは女子大学にあつた方がより適当であろう」という言葉からもわかるように、女子向けの教育を行う場としては肯定している。つまり、女というジェンダーに応じた教育を行う点においてのみ、辛うじて女子大学は存在意義があることになる。そうでなければ、女子大学は無用なのであり、共学の大学があれば十分なのであった。

このように、彼の論理を整理していくと、彼にとって男女同権の教育とは、共学教育、すなわち女というジェンダーにとらわれない教育を意味していたことがわかる。そしてそれは、とりもなおさず、男子がこれまで受けてきた教育のことを指していた。つまり、教育の「標準」には男子教育があり、そのような教育を男子とともに女子も受けることが男女同権の教育、よりよい教育なのであり、女子大学の教育は、女というジェンダーに応じた教育を受けるならいざしらず、そうでなければ、劣った教育となるのである。ここから見てとれるものは、教育の「標準」として男子教育が揺るぎなく存在し、それとの関係において女子教育のあり方を語るという認識のありようである。だからこそ、女子大学のみを議論の俎上にあげて論じることができたのだろう。第一章で明らかにした、男女の性別を意識しない「平等教育」（その内実は男子を「標準」とする教育）と、女という特性を意識した「特殊な教育」という認識枠組みが、ここにも存在していた。

ところで、すでに述べたように、私立短期大学の学長たちは、短期大学のことを、将来の主婦を養成する花嫁学校であると自負心をもって語っていた。しかし中屋の論考において、花嫁学校という言葉は、女子大学に対する批判の文脈で使われている。そしてこのような使い方は中屋だけのものではなく、女子大学は花嫁学校である、ゆえに無用であるという議論が、一九五〇年代後半にはいくつも存在していた。たとえば、『週刊朝日』一九五九年二月八日号は、「女子大は花嫁学校か」という記事を掲載しているし（ここでも中屋の主張が紹介されている）、『婦人公論』一九五九年三月号は、「女子大学は花嫁学校か？」という特集を組んでいる。その特集の内容は、中屋健一、白石浩一、遠藤周作による三つの評論、大学浪人中の四人の女性による座談会、南博・社会心理研究所による女子大学と女子短期大学卒業生のアンケート調査である。これらの中で、昭和女子大学の教員である白石だけが、女性としての人間形成や女性の特性の発揮において、女子大学に意義があると主張していたが(6)、総じて言えば、女子大学に否定的な評価が多数をしめていた(7)。これらの記事は、先に紹介した中屋の議論と似たり寄ったりの主張を展開しているので、ここで一つ一つ検討することは差し控えたいが、このように女子大学への批判は喧しかった(8)。

もう一つだけ、女子大学批判を紹介しておこう。それは、大宅壮一の「女子大学という名の幼稚園」（『文藝春秋』一九五九年六月）である。タイトルからもわかるように、彼は、「女子大で学問をするといっても、幼稚園の学課みたいもの《ママ》で、遊戯と大してちがいはない」と女子大学をこき下ろしていた。そしてその象徴が家政学であった。中屋が女子大学の教育レベルの低さゆえに女子大学無用論を唱え、家政学の教育において女子大学の存在意義を認めていたのと異なり、大宅は女子大学に家政学があることを問題視したのである。というのも、彼によれば家政学とは、「婦人雑誌に出ているようなことをいくらか体系づけたものすぎない。あくまでも消費本位で、その消費に必要な金をもうけることは、ちっともふくまれていない」からである。このように考えるがゆえに、彼は「女性がほんとに男女の完全な平等を求めるならば、〝家政学〟などという屈辱的な学科を女子大から駆逐してしまうべきである」と述べていた。中屋は女というジェンダーにふさわしい教育をする点において女子大学の存在を認めていたのだが、大宅はそれゆえに女子大学を貶視したといえるだろう。ただ両者ともに、男子教育を「標準」として大学教育を論じ、女子大学を批判する点においては、まったく変わりがなかった。

　このように、一九五〇年代後半に女子大学無用論は雑誌上を賑わしていたが、一九六〇年代に入っても、一九五〇年代ほどではないが、それは続いていく[9]。ただ興味深いのは、女子大学無用論に対して、次のような批判が出てきたことである。「（女子大学無用論は――引用者）旧帝大を中心としたアカデミズムよきかな、とする考えで、どんなうまいことをいっても、大学は選ばれたものがはいるところだ、という観念が横たわっている。これだけ多くの人間が大学にはいっているとき、新制大学に対する認識が浅いわけだ」[10]。これは重松敬一の言葉であるが、彼が、女子大学批判を展開する論者が、大学を戦前のエリート大学としての帝国大学のイメージでとらえ、それとの対照で女子大学を批判していると考えていたことがわかる。さきほど、中屋が男子教育を「標準」とし、それとの偏差において女子大学を論じ、批判していたと述べたが、重松によれば、その「標準」は帝国大学なのであった。ある事象を批判するときに、人は何を判断基準とするのか。重松の主張はそこを問題にしている。このような視点は、一九五〇年代末から六〇年代にかけてあまり見ることができないものであるが、注目に値する。そしてこれは、次節で検討する女子学生亡国論を考えていくときにも重要な視点となるので、このことにはまた後でふれることにしたい。

さて、このように批判にさらされていた女子大学であるが、それは当然、女子学生批判にも通じていくことになる。ここで再び、中屋健一の「女子大学無用論」を見てみたい。さきほど、彼は、女子学生も男子学生と同様の素質をもっていると考えていたと述べたが、彼は現実の女子学生の姿を次のようにとらえていた。「大体、女子学生というものは、どこの大学でも、教師のいうことを一生懸命教室で筆記し、試験のときには、これを暗記して答案に書くという習性を持っているようである。だから、教師が教室で教えたことについてのみ試験をすれば、極めて優秀な成績を収めるのだが、多少応用的な問題を出したり、特に解釈を求めたりすると、男子学生に比べて甚だしく見劣りがする」。

ここでいう女子学生とは、文脈からすると女子大学に通う女子学生のことであるが、現実の女子学生は見劣りがするものとして彼にはとらえられており、それは、「たえず落第の危険にさらされ、激烈な競争の入学試験にたえて来た男子学生」との差なのであった。しかし他方で彼は、男子学生の間でもまれている東京大学の女子学生のことを、「一般に点取虫で成績をひどく気にするし、男に負けないようにということをいつも意識している。その結果、女性としてはギスギスした感じのドライな面がどうしても強く現われて来ることが多い」とも述べている。これでは女子学生は立つ瀬がないとつい思ってしまうが、共学大学であれ、女子大学であれ、どこに通っていようとも、女子学生である限りにおいて、彼女たちは批判のまなざしにとらえられてしまう存在だったといえそうである。

では、当の女子学生たちは、このように自分たちが論じられることをどのように感じていたのだろうか。『週刊女性自身』の一九五九年五月二九日号には、「〝家庭に帰れ〟はごめんだ――女子大無用論にもの申す」と題して、日本女子大学の新聞部員たちの声が載っている。そこでの総意は、「マスコミにのった女子大論議には、意見の大部分をいろどる観念の古くささ、印象の俗悪さといったものが鼻をつきます。けれどもわたくしたちは思うのです。女子大は転機にさしかかっている。そして女子大論議はその一つの問題提起としてしっかり受けとめなければならない」というものであった。極めて冷静な反応というか、優等生的な発言である。

ただ興味深いのは、「女子にとっての大学は、〝花嫁学校〟であると同時に、男子にとっての大学は〝就職学校〟であるようです。これではどちらも本当の〝大学のあり方〟からはずれているのではないでしょうか」という言葉が出てきていることである。「本当の大学」がどういうものとして想定されているのかはわからないが、男子が通っている大学も批判されるべきものとして存在しているのに、女子大学のみが批判の対象となっているのはおかしい、という男女の非対称性が指摘されていた。これはまさに正論であろう。

また、「女性を家庭に閉じこめようとするような〝女らしさ〟を強調する女子大有用論ならば、わたしはむしろ無用論を支持する」という言葉もあり、女子大学が花嫁学校と見られることに対して抵抗感があったことがわかる。当事者である女子学生の声を聞くことができる史料はあまりないが、この記事を見る限りでは、女子学生たちはかなり冷静に当時の議論を読み、その問題点を指摘しているといえるだろう。

ところで、女子大学無用論ではないが、後の女子学生亡国論につながる議論が一九五〇年代にあるので、最後に検討しておきたい。それは東京大学の職員である尾崎盛光が書いた、「東大花嫁学校論」（『婦人公論』一九五八年一二月）である。彼は共学の大学に通う女子学生の就職難、有名大学における上層階層出身者の多さ、その結果としての女子が就職する必要性の弱さを指摘し、その上で次のように述べていた。「男女共学の大学は、よろしく高等花嫁学校としたらいかがか、という結論がでてきそうです。そして、東大が世にいわれるように立身出世コースの権威ある大学なら、そこに学ぶ女子学生にとっては、本邦最高の花嫁学校であってもいいのではないでしょうか」。そしてこの花嫁学校では、単なる家事能力に秀でた女性ではなく、たとえば語学力を駆使して夫の仕事の補助ができる女性、社会的な発言や活動ができる主婦が育っていくという。

このように、彼は性別役割分業観にのっとった上で、男女に対して大学教育がもつ意味の相違を指摘し、東京大学も女性にとっては花嫁学校であると主張したのである。花嫁学校であるがゆえに女子大学を無用であり、共学教育こそがあるべき姿であるととらえた議論と異なり、彼は、共学の大学教育もより有能な花嫁の養成という観点から価値づけたといえるだろう。女子大学無用論においては、女子大学だけがジェンダー化されてとらえられていたが、尾崎の主張では、女子大学も共学大学も違いがなく、どちらの大学であっても、女子の大学教育は男子教育とは異なる性格をもつものとして、理解されていた。ただ彼の主張は、性別による大学教育の意味の違いを指摘したにとどまり、女性を大学から排除するものではなかった。後者の主張こそが女子学生亡国論だったのだが、とするならば、尾崎の論考は、女子学生亡国論まであと一歩のところまで来ていたことになる。

戦後、教育の民主化、男女平等化という理念のもとに、女性も大学教育の機会を獲得したが、その際に、女性にとって大学教育とは何であるのか、男性にとっての大学教育の意味と異なるのか否か、という問題はさほど議論されなかった。しかし一九五〇年代後半になると、短期大学が女子教育機関としての性格を明確化させていき、そのことは、性別による高等教育の相違という問題を意識化させていくことになる。そういう意味では、新制大学制度がスタートして一〇年たらずで起こった女子大学無用論は、たとえ、感情的な議論であろうと、女性にとっての大学教育の意味を考える機会ではなかったかと思う。そして女子大学無用論は、女子大学を批判することで、男子教育を「標準」とした共学大学の教育こそがあるべき大学教育の姿である、ということを確認していったのである。
しかし一九六〇年代に入ると、女子大学批判もないわけではないが、マスコミの論調は変化し、共学大学に通う女子学生こそが批判の対象となっていく。他方で、一九六四年四月七日の『朝日新聞』夕刊に「新学期の話題　女子大繁盛の背景」という記事が出るほど、女子大学は人気になっていた。この記事によれば、「女子大の成長率が目立ちはじめたのは、〝ミッチー・ブーム〟のころから」で、「女子大とは、父兄の要請を中心にした〝よき家庭人〟の養成目的の花嫁学校」であり、「教師の目のゆきとどく〝少数教育〟が女子大全般の看板」となっていたという。

そしてすでに述べたように、一九六〇年代に入ると、女子大学、特に私立女子大学の新設が活発化し、女子大学に通う女子学生が増加していた。花嫁学校と批判された女子大学であったが、女子大学は、共学大学とは異なる、女というジェンダーに応じた教育を行う教育機関であるがゆえに、人気が出ていたのである。それは別の言い方をすれば、共学大学――女子大学という序列が、社会的に確認されたということでもあった。とするならば、男子教育を「標準」とする共学の大学に通う女子学生は、どのようにとらえられることになるのだろうか。女子学生亡国論を通して、この問題を考えていくことにしたい。

## 三　女子学生亡国論

先に、はじめて女子学生亡国論という言葉が使われたのは、一九六二（昭和三七）年三月五日の『週刊新潮』の記事の見出しにおいてであったと述べたが、(11) 女子学生亡国論が一挙に世上の関心を集めていくことになったのは、何といっても、暉峻康隆の「女子学生世にはばかる」（『婦人公論』一九六二年三月）が発表されたことによってである。そこでまずは、暉峻が何を述べていたのか、この論考から彼の言わんとすることを検討していくことにしたい。

暉峻にとって一番の問題は、共学の大学において女子学生が増えてきたことであった。第一節で述べたように、一九六〇年代前半とは四年制大学、とりわけ私立大学の文学部に通う女子学生が増加しつつあった時代である。その女子学生の多くは、女子大学に通う学生であったと思われるが、それでも、一五九ページの表4－7で見たように、一部の共学大学の文学部では、驚異的な高さの女子学生比率が生じていた。暉峻が勤めていた早稲田大学文学部の女子学生比率はさほど高くなかったが、それでも、彼が所属している国文科では、一九六一年において女子学生が過半数をしめていたという。そして、女子学生が増えるということは、その分男子学生が減ることを意味しているがゆえに、それは彼の目に由々しき事態と映っていた。彼は次のように述べている。

ここ当分、日本という国の男性は、職を持たずに生きて行くことはゆるされない。女性の場合のように、結婚か就職かという二者選一はぜったいにゆるされないのが現実である。それなのに結婚のための教養組が、学科試験の成績がよいというだけで、どしどしと入学して過半数をしめ、その数だけ、職がなければ落伍者になるよりほかはない男子がはじき出されてしまうという共学の大学のあり方に、そういうふうに事を運んでいる当事者でありながら、釈然としないまま、わたしは今日に及んでいる。結婚のための教養というのならば、そういう目的にかなった女子大学が沢山あるのだから、なるべくそちらへいってもらいたいものだ、とわたしは一時考えたこともある。

つまり、彼によれば、男性は大学卒業後に就職しなければならないが、女性はそうではなく、女子の大学進学は、結婚のための教養を身につけるためのものであった(12)。それゆえ彼は、女子が、共学の大学に進学することを男性に譲り、女子大学に進学すべきだと考えたのである。というのも、彼によれば、共学の大学教育とは、もともと「社会人として働くか、学究を志すか以外に生きようのない男子のための大学として存続してきた」もの、すなわち男性のためのものであり、女子学生が増加することはその本来の大学の役割をそこなうからである。したがって、単に教養を身につけたい女子学生は女子大学に行けばいいのであり、そうしないと、「学者ならびに社会人の養成を目的とする大学の機能にひびが入る恐れがある」という。しかし早稲田大学でも女子学生が増加し、英文、国文、心理などでは女子学生が過半数をしめるという状況が生まれていることは、紛れもない事実であったから、「せめて五分五分ていどに男女の学生数を調整した方がよい」というのが、彼の考えであった(13)。

女子大学無用論では、女子大学は花嫁学校であり、「本来の大学」ではないと批判されたのだが、ここでは、共学の大学は「本来の大学」であるがゆえに女子学生の来るところではない、女子学生には女子大学がふさわしいとされたのである。男性を「標準」とした平等と差異のはざまで、女性が「問題」視され続ける存在であることが、ここからも見てとれる。

ところで、彼はこの論考の中では「亡国」という言葉を使ってはいなかったが、『週刊新潮』がつけた女子学生亡国論という言葉は、たちまちのうちに流布し、暉峻は女子学生亡国論者としてマスコミにしばしば登場することになる。そして週刊誌では次々と共学大学に通う女子学生の存在をおもしろおかしく揶揄した文章が書かれ、女子学生の増加が「問題」として論じられていった(14)。

たとえば、一九六二年六月の『早稲田公論』には、一九六二年三月二三日のＴＢＳラジオ「ただいま放談中」を誌上再録した、座談会「大学は花嫁学校か――女子学生亡国論」が掲載されている。そこでは、暉峻康隆、奥野信太郎（慶應義塾大学）、田辺貞之助（東京大学）が鼎談し、彼らは、女子学生がいると授業に手加減しなくてはならない場合があるし、男色や宦官などのような性的な話ができないなど、講義に制約がある、女子がいる時といない時では、話のレベルや深さが違うとぼやいている。また女子学生は成績がよく、できるくせにやる気がない、女子は律儀で丹念だが独創性がなく、女性の独創は歌手や女給などの肉体的な方面に出る、大学の使命は女子学生のムコ探しの目を養うためにあるのではない、などと述べ、まさに言いたい放題であった。(15) そして暉峻は、「少々できなくても、『一生オレは社会で働かなきゃならんのだ』という男の子を取った方が、天下国家のためになるし、大学のためにもなる」と言い、田辺は、「男の学生だったら、学校でおそわったことを利用して、社会にプラスになる。……(女子は――引用者)家庭には還元するけれども、社会に還元しない分子が出てくる」と述べ、国立大学が税金で維持されている以上、女子学生が増えることは「問題」であると主張している。

性別役割分業観を前提に、女性が家庭内役割を担うものだと考えたとき、女性が学校教育を受けることが社会や国家にとってどのような意義があるのかという問題は、すでに一九世紀末に女子中等教育の必要性をめぐる議論において提起されていた(小山 1991: 41-46)。一九六〇年代における女子学生亡国論は、このとき論じられた女子中等教育が共学大学での女子教育に代わったと考えることもでき、既視感が強い。そして一九世紀末においては、良妻賢母論によって女子中等教育の必要性が語られたが、それと同様の論理、すなわち、女性が文学を学び、教養を身につけることは、将来の母親として必要だという、性別役割分業論にのっとった上での女子学生興国論も一部では主張された。たとえば大野晋(学習院大学)は次のように述べている。「男は社会に出て、かせがなくちゃならない。ところが、文学部じゃカネにならぬ。その点では、女の方が比較的自由だから、広い教養を身につけるために文学部にくる。文学部に女子学生がふえるのはあたりまえです。ヨーロッパでは、子どもが高校生になるまで、母親が読書の相談相手をする。日本の母親も、それだけの教養が必要なのだ」[16]。しかし興国論は、亡国論を論理において勝る、説得的な議論にはなっていないように感じる。というのも、女子学生亡国論はなぜ共学の大学に女性が進学しなければならないのか、女子大学があるではないか、ということを主張したのに対して、興国論は、女性の大学教育の必要性を主張したにすぎず、共学の大学に通う意義を明確に語れなかったからである。

また一九六二年四月号の『婦人公論』には、池田弥三郎（慶應義塾大学）が「大学女禍論――女子学生世にはばかる」を執筆し、暉峻が提起した大学教育の役割という視点とは異なる新たな論点、すなわち私立大学の経営や学閥の形成という視点から女子学生の増加の「問題」を論じていた。彼は言う。「親は男の子の教育に対してよりも、女の子の教育に対して、より少なく熱心である。……男子を預けた父兄に比べて、女子を預けた父兄の方が、学校に対する『寄附』において、格段に低額である」。あるいは、「結婚の相手が、よその大学の卒業生であった場合、在学時代の『姓』が『旧姓』に変るとともに、母校に対する寄附は、もはや期待できない」とも言う。このような論点は、わたしたちの意表をつくものであるが、当時は、現在のような国庫からの私学助成制度がない時代であり、寄付金の多寡が私学の経営において大きな意味をもっていた[17]。はたして本当に、女子学生の親などからの寄付金が期待できないのか、真偽のほどは定かではないが、女子学生の増加は私学経営という観点からも好ましくないと考えられていたことがわかる。

さらに池田は女子学生の増加が、「男子の学生・卒業生を通じての『先輩・後輩』の関係という、うるわしき秩序に、大きい動揺を与え始めた」とも述べていた。長年にわたって男性の間で培われてきた、先輩と後輩の関係、有り体にいえば学閥は、就職の際や就職後の企業社会において、あるいはさまざまな場における人脈の形成において、大きな社会関係資本を作り上げていた。それが、女子学生の増加、その結果としての男子学生の減少によって、動揺しているというのである。[18]これまたその真偽を確かめようのないことであり、文学部の女子学生が増えたくらいで、ここまで危惧することもないのではないかとも思うが、これほど女子学生は、男性によるネットワーク形成を阻害する者として、忌避されるべき存在であったといえそうである。

ところで、『毎日新聞』では、一九六二年一一月一九日から一二月二〇日までに、二四回にわたって「女子学生亡国論を考える」という特集を組んでいる。ここでは短期大学生や女子大学に通う女子学生も議論の対象に含まれ、女性の大学教育の意味が多様な視点から論じられていた。この特集の第一回目には「暉峻さんの真意」と題して、彼の主張が取りあげられていたが、[19]それに対して一〇八七通の投書があり、うち三分の二が女子学生亡国論に反論するものだったという。[20]わざわざ新聞に意見をよせるような人々には、女子学生亡国論が不評だったことがわかるが、この特集ではそれらの投書の中からいくつかの意見が紹介されている。

その中で興味深いものは、藤井治枝の意見である。[21]彼女は女子学生を、①国立大学に多い目的意識型、②私立大学に多い、あきらめ花嫁型、③短期大学に多い花嫁教養型に分け、②が③になりやすいという。というのも、そもそも女子学生の就職が困難であり、たとえ就職したとしても、産業界のあり方（たとえば女性に対する若年定年制）やマイホームムードの宣伝などのために、その継続が難しいからである。だから、受けた大学教育を社会に還元しないと、「女子学生だけに責任をとらせるのは、見当はずれでしょう」と彼女は述べている。女子学生亡国論の前提には性別役割分業観があったが、これは、そのこと自体に切り込んでいるとともに、それが近代家族の形成や産業界の女性労働政策とも深く関わっていることを指摘した主張であった。女子学生の増加を「女禍」や「紅禍」と、おもしろおかしく取りあげた議論のようにみえる女子学生亡国論であったが、その背景には、家族政策や女性労働政策といった問題を含み込んでいたことがわかる。この問題は、次章においてさらに考察を深めていくことにしたい。

さて、一九六三（昭和三八）年になっても、女子学生亡国論に関する文章は雑誌に掲載され続け、大学での共学廃止論もあれば、女子大学無用論もあるというように、雑誌ではさまざまな意見が飛び交っていた(22)。また『教育の時代』では、一九六三年一一月号で「女の教育　男の教育」という特集を組み、教育学者による共同討議「女子と高等教育」や小久保明浩による「女子学生亡国論始末記」、深谷昌志「高等女子教育の現状とその問題点」を掲載している。これらはいずれも女子学生亡国論に対して批判的な立場に立っており、たとえば「女子と高等教育」では、「（女性の高等教育は――引用者）民主的社会の基礎を築くという意味からいっても決して無駄どころではなく現在の大学教育をもってしても充分であるとはいえない」と述べられていた。また深谷の論考は、女子高等教育に関する統計資料を多数紹介しており、議論の基礎データを提供するものであった。といっても、これらの主張やデータが、感情的な意見が多かった女子学生亡国論の批判にどの程度有効であったのかははっきりしない。

そして一九六六（昭和四一）年になると、再び、共学大学からの女子学生の排除を求める意見が出てきている。それは、池田弥三郎による「女子学生亡国論者の意見」（『婦人公論』一九六六年三月）であった。彼によれば、女子学生は高等教育機関の選択において恵まれているという。というのも、彼によれば女性には、「戦前以来の長年の伝統を誇る男の大学」、「むかしからあって、しかも男女同権に同調しないで、男を拒否している女だけの大学」、「婚期を失しないようにという配慮からの二年制の短期大学」という、三つの大学の門が開かれているからである。それに対して、男性が入学できるのは、この三つのうちの第一の大学だけであり[23]、「大学に一人の女子が学ぶ、ということは、一人の男子の席を奪うことだ」という。

確かに三種の高等教育機関が存在するのは事実であるが、池田は、「男の大学」こそが「本来の大学」とみなされ、女子大学は女というジェンダーに応じた教育をする大学であるがゆえに、「男の大学」に比べると一段と低く見られる存在であるということに、思いが至っていない。そして女子大学のことを「男女同権に同調しないで、男を拒否している」と批判しながら、女子大学の男子への開放を主張するのではなく、あくまでも「男の大学」に女子学生が増えることを拒んだのであった。彼にとって本来、大学は男のものであるがゆえに、彼は女子学生が共学の大学に増えることには耐えられないらしく、「男女同権というのだから、女子だけの大学がある以上、敢然と、女子おことわりを名のる大学があってもいいはずだ。少なくとも、募集人員にワクを設定して、男女の比率をきめるくらいのことを考えないと、男女共学さえあぶない」、「女は男に大学の席をゆずるべきである。女子だけの大学や短大などがいくらもある現在、何も、男の席を奪略することはない」と、主張している。

では、なぜ彼は女子学生が増えることが許せなかったのだろうか。暉峻と同様、池田にとっても大学の役割は社会に出て働く人材の養成と研究者の育成であったが、とりわけ後者の点に関して、「女は、一生をかけて、学問などできるものではない……だから、大学の学問の高さと深さとを維持するための後継者などは、とうてい得られない」と述べ、女子学生が増えると、「大学の学問が、だめになってしまう」と嘆いていた。

確かに大学は研究機関であり、研究者を養成する役割を担っていることは事実であるが、研究者をめざす者が多いわけではないし、大衆化しつつあった当時の私立大学の現状から考えるならば、このような指摘は随分と的はずれであるように思える。前節において、女子大学批判は、大学を帝国大学のイメージでとらえており、新制大学制度に対する認識が低いとする意見があったことを指摘しておいたが、この意見は池田の主張にもあてはまりそうである。ある男子学生は、「女子学生がふえたから大学が堕落した、なんていうのはコッケイだな。女子学生のせいじゃなくて、そもそも新制大学ってものが、むかしの大学とはちがうわけでしょう？　とくに学者を志すもののためには、大学院コースがあるんだから(24)」と述べていたが、女子学生亡国論を唱える大学教員たちの頭の中には、旧来のアカデミックな大学のイメージが抜きがたく存在していたのではないだろうか。

そういう意味では、大衆化しつつあった大学に対する違和感、大学＝研究者養成・学問の場という思いと現実に進行しつつある大学の変容とのギャップが、女子学生批判として展開されたということもできるかもしれない。ただ問題は、大学に対する違和感がなぜ女子学生批判として、つまりジェンダー化した形で表現されなければならなかったのかということである。一九六〇年代の男子学生たちの姿も、戦前の大学生に対するイメージとは随分と違っていたはずであるのに、女子学生だけが小馬鹿にされ、揶揄されていた。

それは恐らく、戦後、はじめて本格的に大学に参入し、一九六〇年代になると存在感を示しはじめた女子学生こそが、この大学の変容を象徴するものとして認識されたからだろう。女子学生は、大学という男性社会の異分子であり、それゆえ男性教員の苛立ちの種となったのであった。そしてその苛立ちの背後には、何といっても、性別役割分業観が厳然として存在していた。そういう意味では、教育制度上の男女平等と現実に存在する男女のライフコースの相違、このはざまにあって、女性にとっての高等教育はいかにあるべきか問われたのが、女子学生亡国論であったといえそうである。

ところで、一九六六年は女子学生亡国論がマスコミにおいて途絶える年である(25)。しかしこの年は、あたかも女子学生亡国論の総決算であるかのように、共学の大学から女子学生を排除しようとする動きが起きた年でもあった。最後にこのことについて述べておきたい。

**表4-9　熊本大学薬学部の入学者数**

| | 薬剤学科 | | 製薬学科 | | 計 | | 女子の割合（%） |
|---|---|---|---|---|---|---|---|
| | 女子 | 男子 | 女子 | 男子 | 女子 | 男子 | |
| 1960 | 27 | 10 | 11 | 29 | 38 | 39 | 49.4 |
| 1961 | 33 | 7 | 12 | 30 | 45 | 37 | 54.9 |
| 1962 | 33 | 6 | 14 | 28 | 47 | 34 | 58.0 |
| 1963 | 36 | 7 | 7 | 34 | 43 | 41 | 51.2 |
| 1964 | 42 | 1 | 12 | 29 | 54 | 30 | 64.3 |
| 1965 | 38 | 4 | 18 | 21 | 56 | 25 | 69.1 |
| 1966 | 43 | 2 | 22 | 20 | 65 | 22 | 74.7 |
| 1967 | 43 | 0 | 10 | 35 | 53 | 35 | 60.2 |
| 1968 | 39 | 0 | 22 | 29 | 61 | 29 | 67.8 |
| 1969 | 41 | 3 | 18 | 31 | 59 | 34 | 63.4 |
| 1970 | 41 | 2 | 24 | 27 | 65 | 29 | 69.1 |

『熊本大学三十年史』1980年、783ページの表より作成

一九六六年五月一日の『毎日新聞』は、「女子学生の制限を」という記事において、前日に柳本武熊本大学学長が、「激増する女子入学者を締め出す方策を考えたい」と、記者会見で発言したことを報じている。その理由は、「このまま女子の比率がふえると、大学に後継者が育たなくなり、学問が危機にひんする」からであるというが、これは女子学生亡国論で繰り返された、お馴染みの論理である。この新聞記事によれば、文部省は、「男女の平等、共学という教育理念からみて問題がある」と首をかしげていたというが、学長は「女子を差別するという考えはなく、学問を守るためなのだから女子の入学定員を決めても憲法にふれないと思う」と述べ、強気であった。

女子学生亡国論を唱えていた人々は、私立大学文学部の教員が多かったために、もっぱら文学部の「問題」として女子学生の増加を語っていたが、熊本大学で「問題」となっていたのは、文学部ではなく、薬学

部であった。表4－9は、一九六〇（昭和三五）年から一九七〇（昭和四五）年までの薬学部の入学者数であるが、薬剤学科において女子学生が多いのみならず、もともと男子学生がかなり多かった製薬学科においても、一九六五、六年には男女学生の数が拮抗してきていることがわかる。このような状況をうけての学長発言であった。

柳本学長は、一九六六年八月号の『時』に「女子学生規制論の真意」を発表しているが、そこでは、自分の発言が女子学生亡国論と結びつけられて誤解されていると訴え、次のように述べている。「現在の日本の社会の実情では、それだけの女子薬学士を受け入れる可能性がないので、学問に忠実な女性でさえ、身を《ママ》つけた学問を捨てなければならない事態も起こってきます。ひいては卒業だけがめあての花嫁学園と変貌するおそれがあり、国費のむだ使いや学問の先細りが懸念されるような時期が、やがてやってくることを予想せねばなりません」。そして、自分の主張は「女子学生規制というより女子学生の集中規制ともいうべき内容であります」と言うのであるが、女子学生を排して、男子学生によって学問を継承させたいと言う以上、どう考えても、女子学生亡国論の論理と同じであった。

暉峻康隆などが、いくらマスコミで女子学生の排除を訴えたところで、それは実効性を伴わない主張でしかなかったが、熊本大学の場合は、記者会見の場での学長の発言ということもあり、最初に述べたように、この年の秋には女子学生の規制が政策化された[26]。しかもこの動きは他大学にも広がり、九州大学では「薬学部製薬化学科は男子学生に適した学科である」という注意書きが学生募集要項に書かれ、富山大学や徳島大学では検討中であるという報道がなされている。[27]このように波紋が広がっていった。

ただ、雑誌記事を見ていくと、熊本大学の問題は、一九六二年の女子学生亡国論のようなセンセーショナルな取りあげ方が、必ずしもなされているわけではないことに気づく。もちろん週刊誌の大げさな報道もあるのだが[28]、そればかりではなかった。たとえば、『時』一九六六年八月号は「女に大学はホントに必要か」という特集を組んでいるが（先にふれた、柳本学長の文章もこの中の一つである）、その中で興味深いのは、藤原弘達（明治大学）「女子学生はイリマセン」と早坂泰次郎（立教大学）「近所迷惑もはなはだしい」が、従来と同様な女子学生批判を展開しているのに対して、本多顕彰「女子学生〝興国〟論」は、女子学生亡国論には優秀な女子学生に対するやっかみがあることを指摘し、十返千鶴子「亡国の責めもご同権で」は、男子学生が女子学生に比べてどれほどのものかと皮肉っていたことである。一九六〇年代前半の議論の多くが女子学生を批判の対象とするものであったことを思えば、このような主張が出てきたことに時代の変化を感じる。

また、女子学生亡国論を盛んに取りあげていた『婦人公論』は、「こういう女性締め出し方策の基盤をなしている男尊女卑的発想法の存在[29]」と、熊本大学のやり方を批判する主張を掲載していた。さらにいえば、『世界』や『朝日ジャーナル』は、女子学生亡国論について何も言及していなかったにもかかわらず、今回の問題に関しては、小さいながらも記事を掲載している。なかでも興味深いのが、『朝日ジャーナル』一九六六年一二月一八日号の「『産学協同』的発想の出現」であり、これはこれまでの議論とはまったく別の視点から、この問題を論じていた。

それは一つには、地方国立大学の女子大学化という視点である。次のように言う。「地方国立大学においては、地方都市の優秀な男子学生の多くが、東京や関西の一流の国立、私立大学に進学するのに対し、女子学生の多くは地元の国立大学に進学する傾向が強まっているため、数の上ばかりでなく、成績の上でも女子学生が男子学生を圧倒する傾向が一般化し、地方大学の女子大化傾向が徐々に進行しつつあるようだ」。つまり、地方国立大学における女子学生の増加には、首都圏や関西圏の大都市の大学に男子学生が進学し、地方都市の大学に女子学生が残る、という地域差の問題が潜んでいるというのである。

もう一点は、「産業界の要望にこたえて有能な技術者を世に送り出すことを主たる使命とする学科で、女子進出を抑制しようとする動きが見られたということで……『産学協同』の要請即女子学生締出しという発想が読みとられる」ことであった。有り体に言えば、文学部で女子学生が増加し、男子学生が減少することは、当の教員たちにはショックなことであったかもしれないが、文学部が産業界とのつながりが弱い学部である以上、その「問題」は、ある意味、限定的なものとなる。それに対して、薬学部のような産業界との深いつながりがある学部で男子学生が減少することは、性別役割分業観に立つ限りにおいて、「大きな問題」となること、したがってそれだけ一層、女子学生の排除が切実な「課題」と化することをこの文章は指摘している[30]。そういう意味では、熊本大学が提起した問題は、女子学生亡国論の論理の延長上にありながら、新たな問題を内包したものだったのである。

本章では、女子大学無用論と女子学生亡国論を通して、四年制大学に通う女子学生、つまり女性が大学教育を受けることがどのようにとらえられてきたのか、考察してきた。そこから見えてくるのは、大学教育とジェンダーとのせめぎあいの様相である。

一九五〇年代後半の女子大学無用論は、男子教育を「標準」とする共学大学こそが、本来のあるべき大学であり、女というジェンダーに配慮した教育を行う女子大学は、花嫁学校であり、共学大学よりも劣った大学であるとするものであった。また、一九六〇年代前半の女子学生亡国論は、共学大学に通うことを女性にふさわしくないこととし、女性のためには女子大学があると主張した。共学の大学に通えば女子大学が女子学生は、女子大学に通えば花嫁学校に通っていると批判され、共学の大学に通えば女子大学があるではないかと共学大学からの排除の対象となっている。

どちらにあっても、女子学生は批判の対象となってしまうが、それは、学校教育制度が性別を捨象した、男女平等なものとして成立していながら、現実の男女のライフコースには明確な違いがあるという状況を、女子学生が生きていたからにほかならない。男子教育を「標準」とした共学大学と女というジェンダーに配慮した女子大学の存在、すなわち、「平等」と「差異」のはざまで、女子学生は引き裂かれていた。

戦前においては、大学教育は制度上、男性のためにあり、女性は大学教育から排除されていたために、大学教育の可否という点において、ジェンダーの分割線が引かれていた。そしてこのことは制度化されているがゆえに、とてもわかりやすいものであった。しかし戦後社会においては、女性は男性と平等な教育機会を獲得し、男性のものとされてきた大学への進学が認められたために、制度上、ジェンダーの分割線は存在しない。けれどもだからといって、大学教育を享受するのは男性であるという意識がなくなったというわけではなかった。

そのことを如実に示すものが、女子大学無用論や女子学生亡国論であり、これらの議論を通して、共学の大学を「男のもの」とし、共学大学と女子大学を優劣の関係においてとらえる見方が存在することが、白日の下にさらけ出されている。短期大学が女子教育機関化していたことも含めて考えるならば、戦後の高等教育機関にあっては、男性を念頭において教育を行う四年制の共学大学――女性向けの四年制の女子大学――女性向けの短期大学、という序列化を伴った構造が、ジェンダーと分かちがたく結びついて存在していたのである。男女平等な高等教育制度の下にあるジェンダー差。女子大学無用論や女子学生亡国論が顕にしたのは、このことであったといえるだろう。

注

(1)『熊本大学三十年史』一九八〇年、二〇二ページ、参照。

(2) ところで、読者の中には、なぜジャーナリズムで取りあげられた女子学生批判を通して女性の大学教育の問題を考えなければならないのか、まずは女子高等教育政策を考察すべきではないのかと、思われる人もいるかもしれない。しかし、いろいろと史料にあたってみても、四年制大学を念頭においた女子高等教育政策の議論をなかなか見つけることができなかった。これはおそらく、政府が女子高等教育政策にさほど関心をもっていなかったためであると思われる。

（3）　また『立教学院百年史』一九七四年、によれば、学内でしめる女子学生の比率は、一九六一年――一六・五％、一九六五年――二六・二％であるが、「この女子学生のほぼ八〇％は文学部学生で、六〇年いらい文学部では男子よりも女子が多くなり、……六五年における文学部学生のうち女子学生は七四・四％」（四四五ページ）をしめているという。

（4）　吉村正「女子学生を甘やかすな」『婦人公論』一九五九年六月。

（5）　吉田健一もまた、「女子大は撲滅すべきか？」（『文藝春秋』一九五五年二月）において、「男が行くのは職安であつて、職安大学でも優秀な成績を挙げてゐる所は入り難いといふので出来たのが女子専用の大学である」と述べていた。なおここで「職安大学」というのは、よりよい就職口を求めて男性が大学に入学することを皮肉った表現である。

（6）　白石浩一「女子大学は誤解されている」『婦人公論』一九五九年三月、参照。なお、女子大学否定論者であったなかの・しげはるは、「男を馬鹿にするな」（同、一九五七年一二月）において、このような女子大学に対する評価は男を馬鹿にするものであると、激しく批判している。

（7）　たとえば女子大学卒業生のアンケート調査を行った、南博・社会心理研究所による「卒業生は女子大をこう見る」（『婦人公論』一九五九年三月）によれば、女子大学卒業生であっても、娘を女子大学に入れたいと思う人より、共学大学に入れたいと思う人の割合が多かったという。

（8）　このような女子大学批判を反映して、「『女子大学』を考える」（『朝日新聞』一九五九年三月二三日、夕刊）という記事には、賛否両論が掲載されているし、「女子大生はもっと意欲を」と題した、お茶の水女子大学の学生からの投書も載っていた（同、一九五九年三月二三日、夕刊）。

(9) たとえば、古川原「女子大学はこれでいいのか」『毎日新聞』一九六三年五月一九日(夕刊)を参照。

(10) 「〝女子大無用論〟が起こした波乱」(『週刊読売』一九六三年六月二三日)における重松敬一の発言。なおこの発言は、前掲古川原「女子大学はこれでいいのか」に対して行われたものである。

(11) ちなみに、『週刊新潮』の見出しがついた個所には、某私立大学の国文学の教員と早稲田大学の教員であった暉峻康隆の言葉が主に紹介されていた。なおこの前年、暉峻康隆は、「近ごろ早稲田の学生かたぎ〈上〉」(『朝日新聞』一九六一年一月二八日)において、女子学生が増加し、幅をきかせていることの「問題」についてすでに論じていた。

(12) 参考のために、当時の女子大学生の卒業後の進路を、文部省『学校教育基本調査報告書』から明らかにしておけば、一九六二年三月に卒業した女子学生のうち、就職した人は六九・八%、無業者は一九・〇%であった。ちなみに、男子学生の場合は、それぞれ八九・三%と一・四%であり、女子学生の数字をどう読むかは難しい。暉峻が考えているよりは、就職する女子学生が多いのではないかと思うが、当時は、就職後数年で仕事をやめる女性が少なくなかったと思われる。

(13) 一九六三年になると、暉峻は「紅禍」を防ぐためには、「男七、女三」が理想であり、男女別の定員制を設けることを提案している(「ご遠慮下さい女子学生」『週刊読売』一九六三年一月二七日)。もちろん、男女が半々がいいのか、七対三がいいのか、という判断の客観的な根拠はないし、女子学生が三割に満たない学部では、女子学生を三割まで増やすということは想定されていない。あくまでも、女子学生を減らすためだけに使われる基準である。

(14) 代表的な記事をあげれば、以下のようなものがある。「早大国文科の美人の級友」『週刊新潮』一九六二年三月五日、「男の城を喰う女子学生の氾濫」『週刊現代』一九六二年六月一七日、「女子学生は亡国か興国か」『週刊朝日』一九六二年六月二九日。

(15) もっと言いたい放題の文章もあるので、一つだけ紹介しておこう。それは、藤原弘達（明治大学）のものであるが、彼は次のように述べている。「私の専門にしている政治学や政治思想史関係の女子学生などいらないということである。少しくらい腰かけでやったからといって、たいていモノにはならない。かえって足手まといで小うるさいだけであり、学問の進歩にも役立たない。……ものの考え方そのものが社会科学に適していない感じなのである」。「今日の大学の学問が、女性としていちばん美しく、魅力のある時期において、そういうものをギセイにしてまで精魂を打ちこむに価するかどうかという疑問にも通じているということである。だいたい現在の日本で大学を出た女性を女房にするヤツは、バカだと思っている。女としていちばんよい時期を学問などというヤボなことでつぶすような女性は、男性にとってはカスをつかむことにもなりかねないからである」（「女子学生はイリマセン」『時』一九六六年八月）。

(16) 「女子学生は亡国か興国か」（『週刊朝日』一九六二年六月二九日）における大野晋の発言。その他、この記事には、関根秀雄（青山学院大学）の興国論も紹介されている。

(17) 小久保明浩は、「女子学生亡国論始末記」（『教育の時代』一九六三年一一月）において、一九六一年度における一三五校の文部省調査の結果を紹介している。それによれば、私立大学の全収入のうち、授業料などの学生納付金額が五五・九％、寄付金をあわせると六七・八％に達する一方で、国からの補助金は四・二％にしかならないという。

(18) たとえば、「女子学生に占拠された共学大学の悩み」（『平凡パンチ』一九六六年四月二五日）には、「先輩も少なく、コネが大きくモノをいう三年後の就職にも、いまから悩んでいる」という一年生の男子学生のことが紹介されている。

(19) すでに暉峻は、「女子学生亡国論の真の意味」（『毎日新聞』一九六二年八月一五日）という記事において、自らの主張の真意をかなり詳細に語っていた。

(20)「女子学生亡国論を考える(2)」同、一九六二年一一月二〇日、参照。

(21)「女子学生亡国論を考える(5)」同、一九六二年一一月二四日。同様のことを戸塚文子も述べている。「女性が大学に進学するときには、卒業したら社会的に活躍したいと思って、一生懸命勉強しても、就職試験はさっぱり受けさせてくれない。だから就職できない。大学も女子の就職あっせんにはあまり熱意がない」(「座談会　女子学生亡国論の再検討」『婦人公論』一九六三年二月)。

(22)たとえば、以下の記事がある。「ご遠慮下さい女子学生」『週刊読売』一九六三年一月二七日、「座談会　女子学生亡国論の再検討」『婦人公論』一九六三年二月、三浦朱門「男女共学廃止論」『マドモアゼル』一九六三年二月、菊村到「女子大学廃止論」同、一九六三年四月、「〝女子大無用論〟が起こした波乱」『週刊読売』一九六三年六月二三日。

(23)いうまでもなく、短期大学に男子学生は進学できるし、現に在学している男子学生もいたのだが、池田の認識では短期大学は女子が進学する教育機関であった。

(24)「女子学生は亡国か興国か」『週刊朝日』一九六二年六月二九日。

(25)ちなみに、一九六四年と一九六五年には、以下の女子学生亡国論が発表されていた。「女子学生への期待と現実」『婦人公論』一九六四年四月、「大学を花嫁道具にする女の恥しらず」『週刊女性自身』一九六五年七月二六日。なお、暉峻は一九七五年になると、「私の『女子大学生亡国論』は間違っていた」(『週刊朝日』一九七五年六月六日)という記事において、「現在の時点で、女子大学生を男子の大学生と区別して論ずること自体が、もはや時代錯誤もはなはだしいのじゃないのかなあ」と述べるに至っている。

(26)『熊本大学三十年史』一九八〇年、二〇二―二〇四ページ、参照。これ以外にも、「女子学生にけん制球」『毎日新聞』一九六六年一一月一六日(夕刊)、「女子制限は時代逆行」『朝日新聞』一九六六年一一月一七日(夕刊)、を参照のこと。この注意書きによって、一九六七年には製薬学科の女子入学者は一〇人に激減したが、一九六八年には二二人に逆戻りしており、ほとんどこの効果はなかったようである。また一九六七年の薬剤学科の男子学生はゼロであった（詳しくは、一八一ページの表4－9を参照されたい）。

(27)「動き出した女子大生亡国論対策」『サンデー毎日』一九六六年一二月一八日、参照。

(28) たとえば、「熊大学長の〝勇気ある発言〟の波紋」同、一九六六年五月二二日、がある。

(29) 小島直記「女子学生は締め出せるか」『婦人公論』一九六六年七月。

(30) 同様の趣旨の発言は、「〝猛婦〟の国の女子学生論議」（『世界』一九六六年七月）にも見出すことができる。ここでは、「問題は、〝大学女性化マイナス論〟もさることながら、押すな押すなの盛況をみせる大学の大衆化と、産業社会が大学教育に要求する科学技術の高度な専門教育の矛盾であろう」と述べられていた。また、「女の位置〈解放後の問題〉⑥」『朝日ジャーナル』一九六七年五月七日、も参照のこと。ところで、この熊本大学問題の五年も前のことであるが、『時事通信・内外教育版』一九六一年六月二三日号には、「教育学部の女子入学者制限の要望が問題化」という記事が掲載されている。これによれば、岡山県教育委員会がこの年の二月に岡山大学教育学部に対して、教育学部への女子入学者が増加しているので、「同学部の女子入学者を制限して男女の比率を調整してほしい」と要望したという。岡山大学ではとりあっていないが、女子の大学進学率が上昇し、しかも特定の学部で女子学生が増えている状況の中で、このような要求が潜在的には存在していたのかもしれない。

# 第五章　「家庭づくり」をめぐる政策

中等教育における男女共学と女子の高等教育の問題を検討してきて改めて思うのは、一九五〇年代後半から一九六〇年代にかけて転換があり、このころから女子の進路や特性というものが強く意識され、それに応じた教育が追求されていったということである。男女の進路の違いに基づいて、男女共学の問題が議論され、短期大学は女子教育機関としての存在意義を鮮明にしていく一方で、四年制大学に通う女子学生には批判的なまなざしがなげかけられていった。そういう意味ではこのころに、男性とは異なる、女性の進路や特性ということをことさらに強く意識させる社会状況が、生じていたということであろう。

このようにいうと、多くの人は、高度経済成長にともなう産業構造の変化によって、第一次産業従事者が激減し、性別役割分業が定着したことを思い浮かべるのではないだろうか。一九世紀末以来、「男は仕事、女は家事・育児」という性別役割分業が規範としては存在していても、多くの人はそれを現実のものとすることがなかなか難しかった。しかしやっとこの時期になって、学校教育終了後、数年間、企業などで勤務し、結婚を機に退職して主婦となるという女性の生き方が一般的になり、家事や育児に専念できる状況が生まれたのである。一九五〇年代後半からの特性教育の進展の背景には、このような女性のライフコースの一般化が存在していたといえるだろう。

ただ問題は、女性が主婦としての役割を求められ、それに応じた教育が強調されていったとき、女性に期待されていた家庭内役割とはどのようなものだったのか、ということである。そこにはこの時期特有の意味が付与されていたと思われるが、それはどのようなものだったのだろうか。そこで本章では、この問題を考察するために、政府が家族のあり方にどのような問題関心を抱き、家族政策をどのように展開していたのか、審議会答申などを主な史料としながら、検討していきたいと思う。

## 一　家族への関心

### 1　「問題」としての家族

そもそも、政府が家族のあり方に問題関心を寄せるようになったきっかけは、少年犯罪や青少年非行の増加であり、それに対する危機感であった。

『犯罪白書』によれば、刑法犯として検挙された少年の人員は、一九五〇年代後半から徐々に増加しはじめ、一九五六（昭和三一）年には一三万人弱であったものが、一九六四（昭和三九）年には二三万人台に達している。[1] もちろん、窃盗などの「軽微」な犯罪は常に暗数の問題がつきまとっているので、検挙人数の多寡でもって少年犯罪や少年非行の増減を安易に論じることはできない。しかし一般的には、一九六四年を頂点とする前後数年間が、いわゆる少年非行の「第二のピーク」といわれる時期であり（澤登 1999、鮎川 2001）、検挙人員は一九六〇年代後半に入ると減少し、少年非行は沈静化していく。「少年非行がピークであるという言説や少年非行が凶悪化したという言説は、検挙・補導数が減少、横ばいの状態から上昇に転ずる時に流布しはじめ、上昇が頂点に達するまでの期間中流通することになる」（四方 2005: 246）というが、少年犯罪や少年非行の増加を問題視する言説は、一九五六年の太陽族問題をきっかけとして、一九五〇年代後半から一九六〇年代にかけて活発化していった。

ただ、注意しなければならないのは、青少年の非行問題に関心が寄せられはじめた当初は、家族に「問題」があると考えられていたわけではなかったことである。この時期の青少年行政を担当していた中央青少年問題協議会（事務局は総理府内閣総理大臣官房審議室）[2] は、一九五六年以降ほぼ毎年のように、青少年非行対策のための意見具申を行っているが、これらの意見書で対策として取りあげられているのは、映画や深夜喫茶、刃物の所持などに対する規制や、青少年団体の活動促進やスポーツ振興などであった。ここから、少年の非行や犯罪と、家族とを結びつけてとらえる視点を見出すことは困難である。[3] では、非行問題と家族とが関連づけられたのは、いつごろからなのだろうか。

家族の視点を取り入れて非行問題を論じたはじめての公的な文書は、おそらく、厚生省の中央児童福祉審議会（以下、中児審と略す）が一九六〇（昭和三五）年八月に出した、「児童福祉行政の刷新強化に関する意見」だと思われる。この答申では、次のように述べられていた。

民主主義社会の基礎は健全な家庭であるにかかわらず、戦後の家族制度の崩壊とともに、夫婦と子供を中心とする家庭の健全化についてまで、社会の関心が薄れた感があるが、最近の要養護児、非行児の激増は、家庭の崩壊が各階層を通じて増大しつつある証左であって新しい家庭のモラルの確立、健全な家庭を守るための総合的対策を実施するとともに、国民的関心を高める必要があると思われる。(4)

ここでは、戦後における家族制度の廃止が家庭の「崩壊」をもたらし、それが青少年非行の激増を生んでいること、したがって「健全」な家庭を作っていくことの必要性が主張されている。このような、子どもの「問題」を家族の「問題」としてとらえる見方は、それまでにない新しいものであった。そして一九六一（昭和三六）年になると、中央青少年問題協議会の意見書も家族の問題を取りあげていくことになる。すなわち、中央青少年問題協議会が一九六一年一一月に出した意見書「青少年対策当面の重点事項」は、一二項目の重点事項の七番目に「家庭における青少年教育の振興」を取りあげており、これ以降、「青少年対策の強化について」（一九六二年一一月）、「当面の青少年対策について」（一九六三年七月）と、いずれの意見書においても、青少年対策の一環として、家庭教育の振興が論じられていった。たとえば、「家庭における青少年教育の振興」は、家庭教育の重要性について、次のように語っている。

家庭教育は、人間形成上きわめて重要な役割を果すものであるが、戦後とかく家庭教育の重要性についての認識がうすれ、青少年の生活指導上欠けるところが多くみられるようになつた。この際家庭において児童が正しい愛情と知識と養育技術によつて育成されるよう、両親および社会の人々に家庭生活の新しい在り方、家庭における人間関係、家庭教育の目的方法等について理解せしめ、青少年に正しい生活態度と社会態度と社会道徳とを体得せしめるよう適切な指導を行なう。(5)

これは一例にすぎないが、これらの意見書では繰り返し、人間形成の場としての家庭の機能が低下しているといった認識が開陳されていた。もちろん、本当に家庭の教育機能が低下し、家庭が「崩壊」していたかどうかは、当時にあっても確かめようがないことである。重要なのは、事実がどうであったかということよりも、このように認識されていたということであろう。そしてこのような認識は、国会の審議においてもみられ、一九六一年ころから、家庭教育の不十分性が言及されていった。国会でこの問題をはじめて指摘したのは、大谷瑩潤だと思われるが、彼は宗教教育に絡めて家庭教育の問題を次のように述べている。「少年がかくも犯罪に悪質になり、量がふえるということは、要するに、家庭におきまする教育、家庭教育の欠除（ママ）ということが大きな原因をなし、ひいては社会に今日まで貢献してきておりました宗教、情操教育というものが無視されてきておるというところに、少年犯罪が非常に悪質になってきて、人の命をとり、人の血を見るということを何とも考えなくなってきておるのではないかと思うのでございます(6)」。

このように、一九六〇年代に入ると、俄然、家庭が「問題」とされていき、しかも、最近の少年非行の特徴として、「生活程度において、中流層の少年に増加がいちじるしい(7)」と、「中流」の「普通」の家庭に「問題」があることが指摘されるようになっている。いったいなにゆえ、「普通」の家庭でのしつけや教育が十分になされていないと考えられたのだろうか。当時の議論や文書を見ていくと、大きく二つの観点からこの問題が論じられていたことがわかる。

一つは、さきほど引用した中児審の文章にもあったように、戦後における家族制度の廃止を原因としてとらえる見方であった。つまり、家族制度が廃止されたことによって、親の自信や権威が失われ、結果的に、家庭での教育やしつけの不十分さをもたらしている、というのである。たとえば、深見吉之助中央青少年問題協議会事務局長は、国会において、「家庭教育というものが戦後において家庭の封建制打破の名のもとにほとんど行なわれなくなっておる(8)」と述べ、家庭教育の不十分性に言及していた。また荒木万寿夫文相も、「家庭においての教育と申しますか、あるいはしつけと申しますか、そういうことがいわばおとなの自信喪失のゆえに言うべきことも言わない、たしなむべきこともしようとしない。最もいい意味において人間的な子供を愛する親としての至情から発することすらもが、遠慮がちにふるまわれたこともまた子供たちにとりましては私は不幸であったと思います(9)」と主張している。

これらの発言には、戦前の家族制度の下では、威厳――恭順の確固とした親子関係が存在し、親が子どもを厳しくしつけていたという思いがすけてみえる。いつの時代においても、「昔はよかった」式の発言は見られるのだが、戦後、家族制度が廃止されただけに、しつけや教育の不十分さがそれと結びつけてとらえられたと思われる。そして中児審や中央青少年問題協議会では、「家の制度の崩壊を家庭の崩壊と誤認するなどのことがあり、その結果、家庭軽視の風潮が強まっている(10)」、「親が子どもに対して権威をそう失するとともに子の親に対する尊敬の念も相対的に失なわれてきている……親が子どもに対するしつけの方向と手段について自信を失い過保護、過干渉、放任等の適当でない態度をとつている者が多い(11)」、といった主張が繰り返されている。家族制度の復活を求めているわけではないが、親の子どもに対する構え方が問題とされ、親が毅然とした態度で子どものしつけを行う必要性が主張されていた。

もう一つは、経済成長とともに進行した家族の変容が、非行問題を生んでいるという考え方である。たとえば、参議院議員の山高しげりは国会において、「経済成長の陰にひそむ家庭の変貌というのがあるのじゃないでしょうか。少し大げさにいえば、いまや日本の家庭は崩壊しつつあると見ることもできなくはないように思われます(12)」と述べており、厚生省の黒木利克児童局長は新聞紙上で、親の放任という問題を次のように語っていた。

経済成長政策によって、まず労働力が不足し、都市でも農村でも、家族の中で仕事をもつ人の数がふえています。大都市の近郊農村では工場の進出や団地の建設で土地を売って大金をにぎる農家がふえ、一方では野菜作りや行商で現金収入をあげようとする母親も少なくありません。そして、サラリーマン家庭では〝消費革命〟や〝レジャーブーム〟にのりおくれまいと、パート・タイムの仕事や内職をする主婦がふえていますし、こどもを老人にまかせて共かせぎをするといった例も少なくありません。(13)

ここで改めていう必要もないだろうが、この時期、日本社会には大規模な産業構造の転換が起きていた。全就業者中にしめる第一次産業就業者の割合は、一九五五（昭和三〇）年に四一・一％あったものの、一九六〇年に三二・七％、一九六五（昭和四〇）年に二四・七％、一九七〇（昭和四五）年に一九・三％となっている。(14) 離農する者や兼業農家が続出し、日本社会は農業社会から雇用者中心社会へと急速に変化していった。そしてそれは、都市への人口集中をもたらし、旧来の地域社会の崩壊、都市における郊外の新興住宅地や団地の増加を帰結していく。これらの変化を子育てや子どもの教育という観点からとらえ返すならば、このことは、地域社会やそこに根ざした異年齢集団の中でではなく、子どもがもっぱら個々の家族と学校という場において、家族と教員と同級生という人間関係の中で育っていくことを意味していた。また第一次産業従事者が減少したということは、職住が分離し、親たちは家庭から離れた職場へと通勤するようになったこと、そして家業継承のための労働のしつけが、家族において行われなくなることでもあった。

このような経済成長にともなう家族の変容が、家庭の「崩壊」や子どもの放任という「問題」を生んでいると認識されたのである。それはもしかしたら、子育てにおける親の責任の比重が増し、子育ての担い手としての親の役割が重視されるようになったことの現れであるかもしれない。しかし当時は、子育て環境の変容に視点が向けられるよりは、親役割の重要性がもっぱら語られ、特に夫婦の共働きが「問題」を生むものとして言及されていた。国会では、「家庭と申しましてもしつけができないような、両親が共かせぎをしておるといったような家庭も相当あります」[15]という発言がなされているし、中央青少年問題協議会の意見書では、「共稼ぎ家庭が増加し、親の子どもに対する接触時間が少なくなり、充分な養育上の配慮がなされなくなつている」[16]と述べられている。このような指摘は、枚挙にいとまがないほど、見つけることができる。

しかし考えてみれば、農家の多くも夫婦共働きであった。にもかかわらず、これらの文書では、共働きは近年の出来事として語られている。それは恐らく、同じく共働きといっても、雇用者としての共働きこそが「問題」だと思われ、しかもそれが目立ちはじめていたからだろう。確かに、農家などにおいては共働きをしていても、親たちは家の延長上の田畑で働いているがゆえに、子どもに目が届きやすいだろうが、雇用者の場合は職住が分離しているがゆえに、それは困難であった。

もちろん、そう単純に、農家の共働きの方が子育てに適しているといえないことは明らかであるが、ここで問題としたいのは、繰り返しになってしまうが、少年非行が何と結びつけて論じられているのかという、現実を見るまなざしのありかである。重要なのは、共働きが家庭教育の不十分さ、ひいては非行問題を生み出す温床となっていると非難されていたことであった。

そしていうまでもなく、共働きが問題とされるとき、批判の対象となるのは、父親ではなく、母親の就労であり、それこそが子どもの放任、子育てや教育の不十分性につながり、青少年非行の増加を生んでいるとされたのである。たとえば『児童福祉白書』は、児童の危機的段階の一つの現れとして、「婦人労働の進出傾向に伴う保育努力の欠如、母性愛の喪失」(17)を取り上げていた。また次のような指摘も存在していた。「戦後の民主化によつて、むしろ女子の就労が当然のことと考えられるようになつた。そのために母親の就労が盛んとなり、家庭の子どもは往々にして、とり残されたり、放任されたりすることになり、その福祉が妨げられる結果を招いている。……このような事情は母子保健の上から、あるいは児童の心身の発育上からも好ましくない影響を生ぜしめることは必然である」(18)。

このように、母親の就労は「問題」の源泉とみなされていたが、ただここで補足しておかなければならないことは、必ずしもこの時期に、子育て中の二〇代後半から三〇代前半の女性の就労が、増加していたわけではなかったことである。表5-1を見てもわかるように、二〇代後半の場合は一九五〇年代後半から七〇年代にかけて、三〇代前半の場合は一九六〇年代から七〇年代にかけて、

表5-1 年齢別女子労働力率の推移

（%）

| | 1950年 | 1955年 | 1960年 | 1965年 | 1970年 |
|---|---|---|---|---|---|
| 15～19歳 | 46.9 | 50.1 | 49.6 | 37.6 | 35.7 |
| 20～24歳 | 64.0 | 68.2 | 69.4 | 69.7 | 70.8 |
| 25～29歳 | 48.4 | 51.9 | 50.2 | 46.5 | 45.1 |
| 30～34歳 | 50.2 | 49.6 | 51.4 | 48.0 | 47.3 |
| 35～39歳 | | 53.5 | 55.1 | 58.3 | 56.3 |
| 40～44歳 | 53.3 | 55.6 | 56.8 | 62.1 | 63.6 |
| 45～49歳 | | 54.5 | 56.8 | 62.6 | 64.6 |
| 50～54歳 | 48.4 | 51.4 | 51.8 | 57.3 | 60.9 |
| 55～59歳 | | 45.8 | 46.8 | 50.1 | 53.7 |
| 60～64歳 | 27.3 | 38.5 | 39.2 | 39.4 | 43.3 |
| 65歳以上 | | 20.7 | 21.0 | 17.6 | 19.6 |

総理府統計局『人口の就業状態と産業構成』日本統計協会、1983年、43ページより作成

女性の労働力率（一五歳以上人口に対する労働力人口、すなわち就業者〔自営業主、家族従業者、雇用者〕と完全失業者の合計の割合）は下がり続けており、いわゆるM字型就労が明確化してきていた。それゆえ、共働きを問題視する言説に示される、子育て中の女性の就労の増加という認識とは逆に、事実はむしろ主婦化が進行していたといえるだろう。

ただ、全体的な傾向性において主婦化が進行していたということができるとしても、問題を複雑にしているのは、他方で女性の雇用労働者化が進み、「一九五〇年代後半には、（女性が――引用者）結婚しても職場をやめない風潮ができあがっていたことである」（木本 2004a: 178）。木本はこの現象を「『主婦化』と雇用労働者化とのせめぎあい」（木本 2004b）と表現しているが、公務員や教員、看護婦などを中心に、仕事を継続する傾向が生まれ、保育所づくり運動や育児休業要求運動も起きていた（橋本 2006、萩原 2008）。

つまり、一九五〇年代後半から六〇年代にかけての時期に、女性の就労形態が家内労働から雇用労働へと転換し、総体としては主婦化が進行していったものの、女性労働の長期勤続化も一部では生じていたことになる。共働きを問題視する発言が、どういう現実認識に基づいていたのかはっきりしないが、ともあれ、当時にあっては、母親の就労が増えていると認識され、そのことがカギっ子などを生み、子どもに悪影響を与えていると考えられたのである(19)。家庭の「問題」は女性の「問題」へと焦点化されていった。

以上述べてきたように、少年犯罪や青少年非行の増加に対処する必要性から、家庭に対する政府の問題関心が高まっていったが、実は、これだけが家族政策を積極化させた要因ではなかった。もう一つ、経済発展を担う「良質な」労働力の確保、そのための「人口の資質向上」という視点からも、家庭は論じられていったのである。

## 2 「人口の資質向上」

先ほどふれた、中児審による「児童福祉行政の刷新強化に関する意見」(一九六〇年八月)は、非行問題を家族の視点から言及した先駆けの意見書であったが、これは別の意味においても画期的なものであった。というのは、これが「人口の資質向上対策」を論じていたからである。「人口の資質向上」という言葉は、近年耳にすることはないが、一九六〇年代前半においては審議会答申などでよく使われた言葉であり、その先鞭をつけたものが、この意見書であった。では、ここでは何が論じられているのだろうか。

この意見書は、四つの柱から構成されていたが、その最初に掲げられていたのが、「人口の資質向上対策」であり、その冒頭、「わが国におけるこれまでの児童福祉事業の進展のあとをみてみると、……どちらかといえば、要保護児童対策に重点が置かれ、一般家庭にある児童を健全に育成する対策について十分でない面があった」ことが指摘されていた[20]。これまでの「恵まれない子ども」を対象としたものから、「一般家庭の児童」を対象としたものへと、児童福祉政策の対象を転換する必要性があるというのである。これはこれまでにない視点であり、「一般家庭の児童」をいかに「健全」に育成するのかという課題意識から、この意見書は書かれていた。そしてそれは、次のような問題意識に支えられていた。

（昭和――引用者）45年以降において労働力が不足し、これが経済的発展の阻害要因となることが推定されているのであるが、今後の経済発展のためにも、この限られた人口の質及び能力の向上が前提となる。……今後における児童の資質を健康の上でも社会的にも向上させる対策を計画的に、しかも、強力に推進することは、わが国の児童福祉のためにも、かつまた、将来の経済の進展のためにもきわめて緊要である[21]。

ちなみに、労働力不足への懸念は、この時期の文書にはよく語られているが、それは、多産少死社会から少産少死社会への転換が急速に進行し、出生が抑制されていたことと大きく関わっていた。ベビー・ブームが起きた一九四七（昭和二二）年には四・五であった合計特殊出生率は、その後急速に減少し、一九五〇年代後半には二・〇台となり、それ以降、横ばい状態が続いていた[22]。合計特殊出生率が二・〇台というのは、人口の再生産を維持する水準であり、もはや若年労働力の増大が望めないことから、人口の「質」の向上が求められていったのである。

そしてこの意見書と同様の指摘は、経済審議会による「国民所得倍増計画」（一九六〇年一一月）でもなされており[23]、池田勇人内閣が閣議においてこの国民所得倍増計画を決定したのが、一九六〇年一二月であった。高度経済成長政策の下、人口資源論や人材投資論が盛んに論じられている時代状況のなかで、このような文脈において、「人口の資質向上」、子どもの「健全育成」に関心がもたれたのである。

それにしても、同じく人口の「質」を論じるにしても、その論じ方が大きく変化してきていることには注意すべきだろう。というのも、戦後初期においては、もっぱらいかにして逆淘汰を防ぎ、「優秀者」を増やして「劣悪者」を減らすのかという問題関心から、人口の「質」が論じられていたからである。その一例として次に引用したのは、芦田均厚生大臣が一九四五（昭和二〇）年一二月一六日、第八九帝国議会において述べた言葉であるが、人口過剰が社会問題として認識されていても、優生学の観点から受胎調節の導入や出生の抑制政策にいかに消極的であったのかがわかる。

一度出生率ガ減少スル傾向ニナッタ場合ニハ、如何ナル民族デモ之ヲ人口増加ノ傾向ニ回復スルコトガ困難デアル……今日ノ時代、人口ガ過剰デアルカラト言ッテ直グニ政府ガ公然ト産児制限ヲ認メルコトハ、慎重ニ考慮ヲ要スルコトト存ジマス、更ニモウ一ツノ点ハ産児制限ヲ行フト致シマシテモ、兎角逆淘汰ノ現象ガ行ハレ易イト云フ点デアリマス……悪質ナル者ノ子孫ガ増加シテ、良質ナル子孫ガ減退スルト云フ現象ヲ起シマシテハ国家ノ将来ニ由々シキ問題デアルト考ヘラレル(24)

一九四五年というきわめて早い時期の発言であるが、いったん出生率が低下すれば増加に転じることは困難なこと、優生学的にみて逆淘汰の現象が起こる可能性があること、この二点が、政府が出生の抑制政策をとらない理由であった。人口の「質」の維持と将来における「量」の確保、この二つが当時の人口政策の課題だったことがわかる。そして一九五一（昭和二六）年に吉田茂内閣が閣議了解事項として受胎調節普及を決定するまで、政府は出生の抑制政策に対して消極的であったが、受胎調節、さらには家族計画を政府として取り組みはじめても、「質」への関心が消えてなくなったわけではなかった。たとえば一九五四（昭和二九）年に人口問題審議会が行った「人口の量的調整に関する決議」においても、「家族計画の普及徹底を図るに当つては、これに伴つて起る人口の優生学的資質の動向に対して万全の注意を払う必要がある(25)」ことが言及されている。

また人工妊娠中絶手術を一定の条件のもとに認めた優生保護法の主眼は、法律名からもわかるように、優生政策、すなわち「質」の管理におかれており、当初は人口の量的抑制を目的としていたわけではなかった（松原 1997、1998、田間 2006、荻野 2008）。この法律は、一九四八（昭和二三）年、超党派の議員たちの議員立法によってはじめて成立した法律であったが、この法案の提案者の一人であり、積極的に議論をリードしていった谷口弥三郎（民主自由党）は法案の意図を次のように説明している。

子供の将来を考えるような比較的優秀な階級の人々が普通産児制限を行い、無自覚者や低脳者（ママ）などはこれを行わんために、国民素質の低下即ち民族の逆淘汰が現われて来る虞れがあります。……先天性の遺伝病者の出生を抑制することが、国民の急速なる増加を防ぐ上からも、亦民族の逆淘汰を防止する点からいつても、極めて必要であると思いますので、ここに優生保護法案を提出した次第であります。[26]

立法者の意図がどこに置かれていたのか、ここから明瞭に読みとることができる。そしてすでに松原洋子が明らかにしているように、優生保護法は、一九四〇（昭和一五）年に作られた国民優生法よりも優生政策を強化しており、ハンセン病のような非遺伝性疾患や精神病などにまで、優生手術の範囲を拡大していた（松原 1997）。この法律の下に、さらには拡大解釈も行われて、多くの優生手術が行われていったことを考えるならば、人口の「質」に対する政府のこだわりは、この法律の中に生きていたといえるだろう[27]。

このような人口の「質」へのこだわりに対して、この「児童福祉行政の刷新強化に関する意見」で課題となっていることは、「人口の資質・能力を向上」させるために児童をいかに「健全に育成」するのか、ということであった。そしてこれこそが、一九六二（昭和三七）年から池田首相が提唱しはじめた「人つくり」政策の意味するところであり、この基本方針は、一九六〇年前半の中児審や経済審議会などから出された多くの答申に反映されていくことになる。

ただ正確にいえば、「健全育成」を通した「人口の資質向上」という視点が、「遺伝素質の向上」という課題にとって代わったということではなく、それも引き続き存在していた。一九六二年七月に人口問題審議会が公表した「人口資質向上対策に関する決議」は、一九六〇年代前半に出された多くの審議会答申の中でもっとも優生学的な問題関心が濃厚であるが、そこでは次のように述べられている。「体力、知力および精神力において、優秀な人間を育成することによつて、将来の労働力人口不足に対処する必要がある。さらに、人口構成において、欠陥者の比率を減らし、優秀者の比率を増すよう配慮することは、国民の総合能力の向上のための基本的要請である[28]」。そしてそのために、この決議は、幼少人口の「健全育成」のために、保育所の設置や家族計画の推進などの乳幼児や妊産婦対策、社会環境の整備浄化[29]といった少年非行対策などの必要性を提案する一方で、「国民の遺伝素質の向上」のために、「長期計画として、劣悪素質が子孫に伝わるのを排除し、優秀素質が民族中に繁栄する方途を講じなければならない」と主張していた[30]。「優秀者」を増やし、「劣悪者」を減らすという優生学の課題だけでなく、「健全育成」という課題が入っていることが、いかにも一九六〇年代の文書であるように思える。

そして家族政策は、子どもの「健全育成」という観点から推し進められていくことになる。たとえば一九六一年から厚生省は、「問題」の早期発見をめざして三歳児健康診断、いわゆる三歳児健診を開始し、その二年後には、健診の強化を求める通達を出している。厚生省児童局予算は、一九六一年から六三年までの二年間で七割以上の増加を見たというから（黒木 1964: 202）、いかにこの時期に子どもの「健全育成」対策に力が注がれたかがわかるだろう。そしてやがては、「社会開発」という概念が用いられながら、経済成長のための「人口の資質向上」と福祉の拡充とが一体的にとらえられ、障害児のための「コロニー構想」が生まれていった（松原 2000: 192–194）。

また、この人口問題審議会の答申と同じ一九六二年七月に、中児審は、「児童の健全育成と能力開発によってその資質の向上をはかる積極的対策に関する意見書」を答申しているが、これがその後の政策をリードしていくことになる。この意見書は、青少年非行の増加、乳幼児死亡率や妊産婦死亡率の高さなど、子どもについて憂うべき問題が多すぎるということを指摘し、「今日の児童は明日の社会のにない手である。児童が心身ともに健やかに育てられ、その能力が開発され、資質の向上がはかられなければ国家の興隆は望むべくもない」[31]と述べていた。その上で、次のように、それを家庭から解決していくことを提唱していた。

児童問題の解決に何より必要と思われることは、男女がまずよい家庭を建設することを誓いあい、それをもととした家庭で児童が両親の大きな期待のもとに生まれ、両親みずからの絶えざる周到な育児によって心身ともに健やかに育てられ、また、そのように社会や国もともに努力を続けることである。(32)

「よい」家庭を築き、そこで手厚く子育てをしていくこと、このことが心身ともに健やかな子どもを育み、児童の「健全育成」、「資質の向上」につながっていくと考えられていたことがわかる。つまり、いかに「優秀な」子どもを産むのかということではなく、家庭でいかに子どもを「よく」育てるのか、という問題として提起されたのである。そのためにこの答申は、結婚に際しての家庭設計の指導、家族計画の指導、育児相談や児童指導のためのカウンセラー制度などの強化、といった家庭対策の必要性を提言している。そしてここで提起された、「健全」な家庭の建設を通した「健全」な子どもの育成という視点こそが、一九六〇年代前半の家族政策の中心テーマとなっていくことになる。

しかも注意しなければならないのは、単に家族政策として存在していただけでなく、そのような政策を受け入れる基盤が国民の側にも存在していた。たとえば、これまでの研究において、以下のことが明らかにされている。家族計画運動の推進を通して、一九五〇年代急速な少産化が実現し、子どもの数を制限することは当たり前のことになったが、そこにあったのは「健全」な近代家族をつくる計画であり、そこでは「明るい主婦」像が表象されていたこと（田間 2006）。一九六〇年代の育児書では、子どもの身体や健康面よりも、むしろ心理・知能面の比重が高まり、「『異常』の排除と『期待どおりのよい子』にすること」が直結していたという指摘（横山 1986: 242-248）。高校や大学への進学率が上昇し続け、国民全体が受験競争に巻き込まれていく中で、わが子に少しでも「よい」学校へ行かせたいと、子どもを叱咤激励する「心理学ママ」や「教育ママ」が、一九五〇年代後半から六〇年代にかけてマスコミに登場してくること（広田 1999、本田 2000）。

ここであげた研究以外にも、さまざまな研究がこれらの点について言及しており、ここでそれらを詳述することはできないが、子どもの数を制限し、「よい」子を作り、育てる、という欲望が個々の家庭に存在していたことは紛れもない事実であった。そういう意味では、政府の政策と個々の家庭の思いとは出会い、共鳴しあっていたのである。

ところで、一九六三（昭和三八）年、同じく中児審家庭対策特別部会から出された「家庭対策に関する中間報告」では、一段と家庭への関心が高まり、「家庭は人間の性格の基本をつくりあげるのに決定的な役割を担っている[33]」がゆえに、「人つくりの観点からは、家庭こそ基本であるといわなければならない。そして家庭づくりが人つくりに先行しなければならない[34]」という基本認識が示されている。それというのも、「良い親からの養護を受けた児童が、将来良い親となるのであって、このことは循環する[35]」からであった。そしてこの報告では、「結婚適齢期の男女に対して、家庭の重要性及びその使命に対する認識、子どもの家庭教育に資する技術や知識を授けるなどの教育機会がわが国では極めて少ない」ことや、「家族計画への無配慮と優生保護法の趣旨を無視した最近の人口妊娠《(ママ)》中絶の濫用」などが、問題として指摘されている。(36)

しかも、このような「家庭づくり」の動きは、中児審の答申にとどまっていたわけではなく、最初で最後の『児童福祉白書』の発行（一九六三年五月）、池田首相の私的諮問機関である「人つくり懇談会」の第三回及び第四回における、児童の「健全育成」をめぐる議論（同年五月、八月）(37)、初めての全国児童福祉会議の開催（同年五月）などが、矢継ぎ早に行われていった。また新聞でも、社説で「家庭づくり」の問題が取りあげられ、松田道雄と黒木利克児童局長との間で「家庭づくり」をめぐって論争も行われている。(38)このように、一九六三年になると、俄然、「家庭づくり」政策が注目されていったといえるだろう。

そして一九六四年、厚生省は児童局を児童家庭局に改組し(39)、ここを拠点として「家庭づくり」政策を展開していった。次に引用するのは、黒木利克児童家庭局長が、児童家庭局への改組理由を国会で語っている言葉であるが、当時の厚生省の問題関心のありかがよく示されているように思う。

弱年《(ママ)》人口と言いますか、児童の人口が激減してまいるというような日本の人口構造の変化がございますから、せっかく生まれた子供をよく育てる、資質の向上ということが喫緊の要務になってまいりました。そのためには、問題児童だけではなしに、一般の家庭の児童の健全育成対策、資質向上をやらなければならぬというような必要に迫られたのでございます。(40)

以上見てきたように、政府にもともとあった人口の「質」に対する問題関心は、一九六〇年代に入ると、経済発展を担うための「人口の資質向上」という課題に発展し、それはさらに、「健全」な家庭の建設を通した児童の「健全育成」へと結実していったのである。しかもすでに述べたように、当時、家庭は「崩壊」と見まがうばかりの「問題」あるものとしてとらえられており、家庭で行われるしつけや教育は不十分であると考えられていた。だからこそ、「人つくり」に先行して「家庭づくり」が必要だと主張されたのであるが、以下に引用する灘尾弘吉文相の言葉からもわかるように、「家庭づくり」は家庭科教育の重視へとつながっていった。

昨年来池田首相がとりあげた「人つくり」は、優秀な技術者の育成が急務であることに始まったのでありますが、だんだん拡大されて国民の理想像にまで話し合いが発展し、しかも「人つくり」の基盤は家庭であるということに、多くの識者の意見が一致したようであります。そして家庭に基因をもつ青少年問題も、いっしょに考えられるようになったのであります。ここで国民が家庭の価値を再認識する機会が与えられたといえましょう。その後「人つくり」の懇談会で、家庭生活の学習である家庭科教育の重要性が提議されたことも、皆さんの記憶に新しいことと思います。(41)

「人つくり」の基盤が家庭にあり、そのためには家庭科教育が重要であることが、ここで述べられているが、「家庭づくり」という家族政策の展開は、「家庭づくり」の担い手としての女性をクローズ・アップさせ、家庭科教育の重要性を認識させることになったのである。ではこの当時、家庭科教育はどのような状況にあったのだろうか。

## 二　「家庭づくり」

### 1　家庭科の女子必修化

家庭科という教科は、一九三九（昭和一四）年の青年学校令改正によって生まれ、戦後、初等中等教育の教科として定着したが、小学校では一九四七（昭和二二）年四月より、男女がともに学ぶ必修教科として、授業が開始されている[42]。中学校では、同じく一九四七年四月から授業がはじまったが、家庭科という教科名はなく、職業科の中の一つの科目として家庭科がおかれていた（他には、農業、商業、工業、水産）。そして生徒は、この五科目の中から一ないし数科目を選択必修することになっていた。一九四七年の『学習指導要領　家庭科編（試案）』では、「家庭科は職業科の一つとして選択科目の一つになる。大部分の女生徒はこの科を選ぶものと思われるが、中には男生徒もこれを選ぶかも知れない[43]」と述べられており、基本的には女子が学ぶものと想定されてはいたものの、男子が履修することも可能であった。

高校で家庭科の授業が開始されたのは一九四九（昭和二四）年四月であるが、高校の家庭科は男女ともに履修できる選択教科という位置づけである。ただ、一九四九年の『学習指導要領　家庭科編　高等学校用』の次の言葉からもわかるように、高校の家庭科も女子が履修するものと考えられていた。「この教科の最終目的は、家庭生活の理解と価値認識が養われ、その結果、人がますますよい家庭人となり、社会人となることであろう。これは男女にひとしく必要なことであるが、特に女子はその将来の生活の要求にもとづき、いっそう深い理解と能力を身につける必要があるので、家庭生活の一般に関する学習を、少なくとも十四単位必修させることが望ましい」(44)。しかし実際には、家庭科教育関係者たちが期待したほどには女子が選択しておらず、そのため家庭科の女子必修化運動がおきたことは、すでに述べた通りである。

このように、中学と高校では、家庭科は基本的には女子が学ぶものと考えられていたものの、制度上は、男女ともに選択することが可能な教科として誕生したのである。ただ、戦前においては、家事・裁縫は女子のみが学ぶ教科であったがゆえに、このような家庭科の位置づけに違和感を抱く人も多く、授業開始後も、家庭科教育のあり方をめぐってさまざまな議論が行われ、試行錯誤が重ねられていった。

家庭科教育史に関しては、すでに多くの先行研究があるので（たとえば、横山 1996、朴木 2003）、詳細はそれらの研究に譲るとして、ここではごく簡単に家庭科教育の変化を述べていきたい。中学校の場合、教科名が、「職業科」から「職業科及び家庭科」（一九四九年五月）、「職業・家庭科」

（一九四九年一二月）へと変化していったが、一九五一（昭和二六）年の学習指導要領では、農村男子・都市工業地域男子・都市商業地域男子・漁村男子・農村女子・商業地域女子、それぞれを対象とした課程例が示されるなど、地域や性別による教育内容の細分化が志向されている[45]。ついで出された、一九五六（昭和三一）年の学習指導要領では、教育内容を六つの群に分類したうえで（家庭科関係は第五群）、第四群（漁業）以外の各群を学び、さらに性別や環境を考慮して第一群から第五群までのうち二群以上を（女子の場合は第五群を中心にしても可）学ぶことになっていた[46]。つまり、男女共通の教育内容として職業・家庭科という教科の大枠を維持しながら、具体的な履修の際には、性別などを考慮して、分化した学習ができるような構造になっていったといえるだろう。

高校についていえば、家庭科の女子必修化運動にもかかわらず、一九五三（昭和二八）年四月の教育課程審議会（以下、教課審と略す）中等教育課程分科審議会の第一次中間報告では、「男生徒と女生徒による必修教科の区別は原則として考えない[47]」ことが明言されている。それから七ヶ月後の第二次中間報告では、既存の家庭科の内容を含み、男子にも課しうる、仕事を中心とする必修の新教科を作るという新教科構想が提示されたが[48]、家庭科教育関係者は反発して、必修運動がより一層積極的に展開されていった[49]。結局、一九五四（昭和二九）年七月、教課審のメンバーが一新され、一九五四年一〇月に出された教課審第一次答申では、この新教科構想は破棄されている。そして「上学年に進むにつれて生徒の進路、特性等に応じて分化した学習を行いうるようにすること[50]」という方針が出されるとともに、「女子については家庭科（4単位）を履修させることが望ましい[51]」ととされた。これをうけて出された一九五六年の『高等学校学習指導要領　家庭科編』は、この教課審答申通りに、全日制普通課程では女子に家庭科の四単位を履修させることが望ましいとし、「生徒の特性・進路」に応じた履修も主張していた。家庭科が女子必修になったというわけではないが、家庭科を女子用教科として位置づける考え方がより明瞭に打ち出されていることがわかる。

以上、ごく簡略に、家庭科教育の開始から一九五六年の学習指導要領に至る家庭科教育の位置づけの変化を述べてきたが、そこからわかることは、選択という枠組みを残しながらも、家庭科は女子が履修するものであるという位置づけが、次第に明確になってきているということである。そして次の学習指導要領の改訂において、中学・高校ともに、家庭科は大きな転換点を迎えることになる。すなわち、一九五八（昭和三三）年の『中学校学習指導要領』では、教科名が職業・家庭科から技術・家庭科へと変わり、男子は技術、女子は家庭をそれぞれ学ぶという、性別分離教育が行われることが決まった（実施は一九六二年度より）。また高校では、一九六〇（昭和三五）年の『高等学校学習指導要領』において、普通科の高校で家庭科が女子のみ必修となった（原則として四単位だが特別の事情がある場合は二単位。実施は一九六三年度より。なお、全課程の高校での女子必修化が決定されるのは、一九七〇年の学習指導要領においてである）。これらの改訂によって、中学・高校の家庭科は明確に女子が学ぶべきものとなったのであり、この体制がこれ以降、約三〇年続いていくのである。(52)

しかしいったいなにゆえ、一九六〇年ころになって、このような転換が起きたのだろうか。学習指導要領の改訂は、教課審の答申に基づいて行われるが、この時期の家庭科教育の転換には、教課審答申ばかりでなく、中央教育審議会（以下、中教審と略す）の答申や中央産業教育審議会（以下、中産審と略す）の建議も大きく影響していた。したがって、これらの答申や建議も検討しながら、この問題を考えていくことにしたい。

家庭科教育の転換をもたらす動きがどこからはじまったのかといえば、その発端を、一九五七（昭和三二）年四月二七日に灘尾弘吉文相が中教審に対して行った、「科学技術教育の振興方策」についての諮問に求めることができるように思う。この諮問は、小学校から大学まで、さらには社会教育における科学技術教育の振興方策を策定することを求めており、経済成長を担う人材育成の問題をはじめて俎上にあげたものであった。

この諮問に対する答申は、一九五八年一一月一一日に出されているが、そこでは工業技術を中心とした科学技術教育振興のための具体的な教育改革が提言されていた。中学校教育について、「工作等の学習を改善充実して、技術的・実践的態度の育成を図ること」や「高学年においては、いっそう進路・特性に応ずる教育を行うことができるように、教育課程を改善すること」、高校教育に関して、「各課程の特色をいっそう生かすようにするとともに、普通課程においては、進路に応ずる教育を充実するため、コース制を強化すること」が指摘されている(53)。

つまり、科学技術教育の振興という文脈において、進路・特性に応じた教育の充実が語られているのであり、その対象として主に想定されていたのは、経済成長を直接的に担う人材となるべき男子だったのである（第三章でも少しふれたように、この答申においては、短期大学改革も、科学技術教育・中堅技術者の養成という観点からのみ論じられていた）。そしてこのような男子を念頭においた教育改革という視点は、その後も継承されていく。

この中教審答申が出される一年ほど前の、一九五七年九月一四日に、松永東文相は教課審に対して、諮問「小学校・中学校教育課程ならびに高等学校通信教育の改善について」を出している。この諮問について、文部省初等中等教育局長が行った説明には、「科学技術教育向上」や「職業陶やの強化」をめざして、現行の職業・家庭科をどのように再編成し、教科の指導内容をいかにして充実させるのか、という課題が言及されていた[54]。明らかに、中教審への諮問を意識しながら、教課審への諮問が行われているのであり、職業・家庭科の再編問題もこの文脈において提起されていたことがわかる。

そしてこの諮問に対して、一九五八年三月一五日、教課審は「小学校・中学校教育課程の改善について」を答申したが、そこで提言されていたことは、従来の職業・家庭科に代わって、「技術科」を設置するというものだったのである。そしてその技術科に関しては、次のように説明されていた。「①現行の職業、家庭科（必修）を改め、これと図画工作科において取り扱われてきた生産的技術に関する部分と合わせて技術科を編成すること。②内容に二系列を設け、男子向には工的内容を中心とする系列、女子向には家庭科的内容を中心とする系列を学習させること」[55]。技術教育の重視という観点から技術科が設けられ、それを男子向きと女子向きの教育内容に二分して、教えようと考えていたことがわかる。科学技術教育の振興という文脈からすれば、主眼はあくまでも、男子向きの技術にあったといえるだろう(56)。

この教課審答申に基づいて出されたものが、一九五八年一〇月一日の『中学校学習指導要領』であった。ただ教課審答申と異なり、従来の職業・家庭科の代わりにおかれたのは、技術科ではなく「技術・家庭科」であったが、それには、家庭科教育関係者や自民党文教部会の人々による圧力があったと言われている(57)。そして学習指導要領では、「生徒の現在および将来の生活が男女によって異なる点のあることを考慮して、『各学年の目標および内容』を男子を対象とするものと女子を対象とするものとに分ける(58)」ことが明記されていた。これにより、技術＝男子向き、家庭＝女子向き、という性別分離教育が確立したのである。ただこの性別分離教育の主眼は、これまで述べてきた文脈からすれば、女子の家庭科教育ではなく、男子への技術教育の重視におかれていたととらえるべきであろう。そしてここで成立した家庭科教育の特徴は、生活に必要な基礎的技術の習得に目標が定められたことであり、その結果、それまであった「家族」や「家庭形成」に関する学習が行われなくなったことである。これには一九五八年一〇月からの「道徳」の時間の特設という問題も関係しているが、以後、生活技術の習得が中学校家庭科の中心となっていくことになる。

では、高校普通科における家庭科の女子必修化はどのようにして実現したのだろうか。一九五九(昭和三四)年七月二八日、松田竹千代文相は教課審へ「高等学校教育課程および高等学校通信教育の改善について」を諮問したが、すでに第二章で述べたように、この諮問は、生徒の能力、適性、進路の多様性に対応した高校教育の多様化の必要性を主張していた。これはいうまでもなく、先の中教審の答申内容を踏襲したものであった。

そして、教課審へ諮問が行われている最中の一九五九年九月二九日に、中産審は松田文相に対して、「高等学校における産業教育の改善について」を建議している。そこでもまた、進路や特性に応じた教育という観点から、女子に対する家庭科教育の重要性が次のように語られていた。「家庭に関する課程以外の家庭科教育については、女子の進路や特性に応ずる教育を行うため、中学校の技術・家庭科との関連を考慮して、高等学校の女子生徒に対しては、家庭科を履修させるような措置を講ずる必要がある(59)」。この建議は、高校教育の多様化、家庭科の女子のみ必修化へと舵を切ろうとしていた教課審への援護射撃になったと思われる。

教課審の答申は、一九六〇年三月三一日に出されたが、家庭科教育については、「女子の特性にかんがみ、家庭生活の改善向上に資する基本的能力を養うため、『家庭一般』をすべての女子に原則として履修させるものとすること(60)」という原則が打ち出された。「女子の特性」が前面に押し出されて、女子に家庭科が必修とされたことがわかる。この答申に基づいて『高等学校学習指導要領』が出されたのが一九六〇年一〇月一五日であり、すでに述べた通り、これによって普通科の女子生徒は家庭科が必修となった。この学習指導要領は、第二章で述べたように、従来のコース制をさらに徹底するなど、高校教育の多様化を推し進める点に大きな特徴があったが、家庭科の女子のみ必修化も、多様化政策の一環であったということができるだろう。

このように、科学技術教育の振興、生徒の能力・特性・進路に応じた教育という文脈に沿いながら、家庭科＝女子用教科、という位置づけが確立していったが、それはもともとは、男子への科学技術教育の振興を主眼とした動きにともなって生じたことであった。しかし経済成長を担う人材を育てる「人つくり」に先行して「家庭づくり」が必要であり、それは女性の肩にかかっていると主張されていけば、女子への家庭科教育はその重要性を増していくことになる。このような文脈において、中学校技術・家庭科の性別分離教育と高校家庭科の女子必修化が実現した。そしてこの背景にはいうまでもなく、経済成長の担い手としての男性と、家庭にあって男性を支え子どもを育てる女性、という性別役割分業観が存在している。しかもこのような役割分担を行う家族は、一般化しつつあった。では、女性が期待されていた家庭内役割とはどのようなものだったのだろうか。

## 2 女性が期待される役割

第一節で述べたように、一九六〇年代前半においては、一方では「家庭づくり」や子どもの「健全育成」が提唱され、他方では家庭でのしつけや家庭教育の不十分性が指摘されるとともに、家族の「問題」は女性の「問題」へと焦点化されて論じられていた。それゆえ、女性の子育て役割は強調されるべきものとなっていき、「育児は家庭で」という家庭保育の重視策がとられていくことになる。橋本宏子によれば、一九六〇年前後の時期に、「政府は保育所予算を縮小する方向で保育政策の転換を強化し」、「保育単価制」への切り替え、「保育料の徴収基準」や「入所措置基準」の設定を行っていった（橋本 2006: 75–76）。

このような状況の下で、一九六三（昭和三八）年の七月三一日、中児審保育制度部会は「保育問題を考える――中間報告――」を提出したが、これは、保育問題を本格的に論じたはじめての公的文書である。そこでは、「保育はいかにあるべきか」というテーマの下で、保育七原則が掲げられているが、その七原則とは次のようなものであった。

第一原則――両親による愛情に満ちた家庭保育
第二原則――母親の保育責任と父親の協力義務
第三原則――保育方法の選択の自由と、子どもの母親に保育される権利
第四原則――家庭保育を守るための公的援助
第五原則――家庭以外の保育の家庭化
第六原則――年齢に応じた処遇
第七原則――集団保育[61]

この七原則に貫かれている価値観は明瞭であり、それは、「子どもの精神的身体的発達にとっては、両親による愛情に満ちた家庭保育が、もっとも必要なものであり[62]」、「家庭で、正しい愛情をもつ母親によって保育されることは、こどもの権利である[63]」という見方であった。つまり、何と言っ

ても母親による家庭での保育が第一義的にめざされるべきものであり、「条件が同じであれば、健全で、愛情の深い母親が、こどもの第1の保育適格者(64)」と考えられていたのである。このことは、第二原則の「母親の保育責任と父親の協力義務」という表現にも明瞭に示されている。ただ、なにゆえ母親が健全で、愛情が深く、第一の保育適格者であるのか、その理由は何も述べられていない。それは恐らく、この文書をまとめた人々にとっては、論じるまでもないほど自明のことだったのだろう。そして「年齢が低くなれば低いほど、家庭保育の重要性は高く、家庭的な処遇が期待されなければならない。それゆえ、2~3歳以下の乳幼児期においては、まず家庭において保育されることが原則でなければならない(65)」と主張されていた。

このように、母親による家庭保育を第一義的なものと考えたがゆえに、この意見書では、母親が子どもの保育に専念できるように、父親の賃金をふやす労働対策、生活保護などの社会福祉政策、児童手当制度などの公的な援助や保障の必要性が提言されている。また「未来の母親達や、若い母親たちに、母親の責任を強調すること、あるいは、少なくとも乳幼児期においては、ほかの労働よりも、こどもの保育を選びやすいように、施策の面において配慮すること(66)」が、行政の課題として提案されていた。さらにいえば、やむをえず家庭保育ができない場合でも、できるだけ保育の家庭化を図るべきだとして、訪問保母制度や家庭保育委託制度が主張されている。

母親の保育責任を強調し、母親による家庭保育を第一とする中間報告の主張に対しては、「働いている女性に家庭に帰れ」といっているのかという批判や意見が寄せられたという。それゆえ中児審では、翌年出した答申「いま保育所に必要なもの」でわざわざ「補説」を設け、改めて、「母親個人に保育の全責任を負わせるとか、家庭での完全な保育が現実に可能であるとか、母親の愛情が絶対唯一のものであるなどとはいっていない[67]」と反論している。とはいっても、「乳幼児にとって母親の直接的な愛情が必要だと指摘しているのは、女性の先天的特性にもとづくものであり、乳幼児の精神衛生からみても、母親の愛ぶが好ましいことは、専門学者の一様に認めているところである[68]」と述べており、母親を保育の適格者として絶対視する見方には揺らぎがなかった。

そしてこのような考え方が、行政文書の中に見出されるだけでなく、広く社会的に共有されていたことは、ここで繰り返すまでもないことだろう。一例をあげれば、たとえば、「女性は家にいるべきか」という新聞の投書に対して、後日、掲載された識者の意見は、次のような内容であった。母と子の心のふれあいは時間ではなく質の問題だが、三歳くらいまでは母親は家にいて育児に専念すべきである（重松敬一）、母親のいない家庭は家庭でない、中学の終わりごろまでは家庭にいるべき（堀秀彦）、母親が家にいないといろいろ問題が起こる、小学校二―三年まではいてやるのが望ましい（鈴木清）[69]。母親が家庭にあって育児に専念していることがいかに重要だと考えられていたのかがよくわかる。

すでに述べたように、一九五〇年代後半から子育て期の女性の労働力率は下がりはじめていた。また、ジョン・ボウルビィの『乳幼児の精神衛生』が一九六二（昭和三七）年に翻訳されて、母子関係論が脚光を浴び、いわゆる三歳児神話が形成されていった。すなわち、「三歳までは母の手で」

「乳幼児期の母子関係が人格の基礎」といった言説がメディアにあふれ、「乳児期と母子関係の重要性が強調・『布教』されて」(小沢 1989) いったのである。

このように、厚生大臣の諮問機関である中児審によって母親の保育が強調されていったが、他方で文部省は、家庭教育を振興する政策を本格化させていった。すなわち、文部省では一九六一(昭和三六)年に、占領下に「特性教育」として否定されていた(西村 1982) 婦人教育課を社会教育局に新設したのを手はじめに、一九六二年には社会教育審議会成人教育分科会に家庭教育小委員会を設置し、家庭教育資料作成のための家庭教育専門研究会を設けていく。[70]また第一回全国家庭教育研究集会の開催(一九六三年)や家庭教育学級への国庫補助(一九六四年)など、矢継ぎ早に家庭教育振興策が打ち出されていった。一九六四年度、家庭教育学級は、全国小学校区の約三分の一にあたる八一三四学級で開設され、父母、とりわけ母親を対象に家庭教育の機能と役割、子どものしつけ方などが講義されている。[71]なお、この家庭教育振興策が想定している家族は、サラリーマンである父と専業主婦である母、そして子どもからなる家族であり、たとえば、『こどもの成長と家庭』では次のように述べられていた。

近代的職業に従事し、朝早くから夕方まで職場にいて家をあけ、また帰宅後も疲れはててひたすら休養を求めているような父親が、家庭生活においてもまた責任をもち中心となって運営しこどもを教育していくことは、むりとなる。……一方、家にいる母親は、一日中食事をこしらえたり、掃除などで積極的に働いている。こどもが母の後ろについて台所仕事をまねたり、洗たくを覚えることは、最もよい自然的な家庭教育である。ゆえに普通の生活指導にあたっては母親が中心となり、母親の主導のもとに家族の者が協力するのが望ましい(72)。

このように、女性が家庭教育の担い手として期待されていたのであり、性別役割分業観にたって、家庭における母役割を強調する政策や提言が盛んに行われていったことがわかる。しかし、女性に期待されていたのは、このような母役割ばかりではなかった。一九六二（昭和三七）年一一月一二日に、中産審が荒木万寿夫文相に提出した建議、「高等学校家庭科教育の振興方策について」を読むと、女性はもっと幅広い役割が求められていたことがわかる。この建議については、女子の家庭科教育について提言した文書として、すでに第二章で言及したが、この建議の意義は、家庭科教育のあるべき姿を論じていることだけではなかった。この建議の興味深い点は、家庭科教育の重要性を、家族観まで視野におさめて論じていることにある。そもそもこの建議は、「最近における家庭生活の意義の重要性の増大(73)」という問題意識に支えられて出されたものであるが、家庭生活の意義とは以下のことを意味していた。

近代社会においては、組織の中の弧独感《（ママ）》、職場の機械化等による人間疎外の現象はますます深刻化しており、このため家庭生活において家族との自然的結合と感情的連帯感の支えによって、心の安定と調和を得ることがますます必要となりつつある。これに伴い、家庭生活の持つ諸機能のうちすでに述べた（a）のような機能（家族を愛情により結びつけ、これに心の安定をあたえること——引用者）は、ますますその重要性を増しつつあるとみられ、家庭科教育も家庭生活のこのような今日的な意義に対処する必要にせまられている。(74)

つまり、人間疎外の現象が深刻化するなかで、愛情で結ばれ、心の安らぎを得ることができる家庭の存在意義が増しており、このような状況に対処しうる家庭科教育が必要だというのである。産業社会における疎外状況からの避難場所として家庭が称揚され、いこいの場所としての家庭を築くことが女性に求められていたことがわかる。そして、「家庭は、幼児の保育の場、家族の休養とあすへの活動力の源泉としての場及び家族の健康保持の場であり、女子がその経営管理にあたることは、おのずから要請されるところである(75)」という文章からもわかるように、女性は家庭の責任者として、家庭経営の役割が期待されていた。しかもこのような、家庭の経営者としての女性役割の重視は、この建議においてのみ見られるものではなかった。一九六〇年の『高等学校学習指導要領』に対して文部省は、「家庭科の内容は、家庭経営という立場を中心としながら、特に食物の指導に重点をおいて総合的に学習することとなっている(76)」と述べており、家庭科において家庭経営という視点が重視されていたことがわかる。しかしそれだけではなく、この建議は次の点も指摘している。

産業における技術革新に応じて、家庭生活の様式等にも大きな変化が現われている。たとえば、家事作業の自動機械化に伴い、家事労働の時間は短縮され、その時間だけ他の生活時間が多くなっている。また、インスタント食品、既製服等の普及により、家庭婦人の役割には、素材を購入し、調理や被服製作等により加工して完成品を作り、これを消費生活に供するということのほかに、各自の家庭生活にふさわしい完成品をいかに選択し、購入し、および活用するかということも重要になってきた。このような傾向は、今後いっそう助長されると思われるので、家庭科教育においては、このような現在および将来における家庭生活の様式の変化等に対処するための配慮が必要である。(77)

経済成長にともなう家庭生活の変容と、それによってもたらされる家事の内実の変化が、ここで言及されている。女子には家庭科（家政）教育が必要だとする意見は、ある意味、いつの時代においても主張されることであるが、この時期には、大きく変動している社会状況や家庭生活に対応しうる家庭科教育が求められ、そのような家庭科を女子が必修教科として学ぶべきだとされたのである。女性が果たすべき家庭内役割は、人間疎外の現象や消費生活の変化という、当時の社会的背景、今日的な課題から生まれた「新しいもの」として意識されており、けっして従来通りの家事・育児を意味してはいなかったことに、注意しなければならない。

またもう一点、この建議は興味深い指摘をしていた。それは専門職業教育としての家庭科教育に対して、これまでのように補助的・単純労働として女性労働力を活用するのではなく、「人的能力の開発、労働力の恒常的ひっ迫という背景のもとに、女子の長所を生かすことによって女子労働力を積極的に活用する(78)」ことを求めていることである。もちろんそれは、女子としての「能力、適性を生かす職業」でなければならず、具体的な職名として、「(イ)保健婦、看護婦、保母、調理師、栄養士等　(ロ)家政婦、ホームヘルパー等　(ハ)服飾デザイン、家庭用品販売、消費者教育、食品の検査等」があがっていた(79)。そして、一夫婦あたりの子ども数が減っているがゆえに、「学校卒業後就職した女子が結婚後においても職業を続けてゆく可能性が増大するとともに、いったん家庭に入った女子が再び就職する可能性も増大する傾向にある(80)」ともいう。

女性労働といえば、農業などの家内労働や工場労働を意味していた状況から脱し、女性の能力や適性を活かした仕事に女性が就き、場合によっては結婚後も仕事を継続したり、退職して一定の期間後に再就職するというライフコースも、ここでは描かれている。高度経済成長がもたらした時代状況や家庭生活の変化に対応した女性の家庭内役割が想定され、それを十全に遂行できる女性を育成するために、家庭科教育の振興が図られようとしたことがわかる。

もちろん、これは建議で述べられていることであり、即、実行されるという性格の文章ではないし、現実問題として、女性が結婚後も仕事を継続することは困難だったろう。しかしここからは、高度経済成長の中から生まれてきている、新しい女性の家庭内役割に対する期待を見てとることができる。主婦として、一家団欒に満ちた家庭を作り、子どものしつけや教育を行う、新しい生活スタイルに対応した家事をこなし、場合によっては女性に相応しい仕事に就く、このような役割を十分に遂行しうる女性が求められていったのである。

そしてこのような女性像への期待は、この建議だけのものではなかった。たとえば、この建議の翌年、一九六三年三月一〇日（首相宛答申日は一月一四日）には、経済審議会が「経済発展における人的能力開発の課題と対策」を答申している（諮問は一九六二年九月七日）。この答申は、教育における能力主義の徹底やハイタレント・マンパワーの早期発見と育成などを提唱し（乾 1990、高橋・羽田 1993）、その後の教育政策に大きな影響を与えたが、この答申の中の人的能力部会需要活用分科会報告の一番最後に、「婦人労働力の活用」という項目が入っている。そこでは、「人口の半分をしめる婦人の能力を産業活動、経済活動に有効に活用することは、人的能力活用政策の重要な課題の一つである[81]」という前提に立って、経営秩序における女性労働の再評価の必要性とともに、既婚者の再就職とパートタイム制度の活用が謳われていた。

すなわち、「幼い子供の母親が家庭を離れて職業をもつことについては健全な次代の国民の養育という見地からみて議論のわかれるところであるが、とくに3才以下の子供にとつては肉身《ママ》の愛情のこもつた個別的な養育が望ましいと言われている」という前提に立って、母親の育児への専念を求めつつ、「一夫婦当りの子供の数が少くなるにつれ、最後の子供が学令に達し、母親がパートタイムの職業をもつことができる年令は非常に若くなっておりかつ寿命が著るしく伸びている今日においては、中年の婦人の社会的活動可能期間は著るしく長くなっているといえる」と述べている[82]。

まるで、十数年後の既婚女性の姿を予見したかのような文章であるが、人的能力の活用という見地から、女性労働への期待がストレートに語られていた。

また一九六六（昭和四一）年一〇月三一日には、中教審が「後期中等教育の拡充整備について」という答申を出している。この答申には「女子に対する教育的配慮」という項目が設けられており、それは次のような内容であった。

後期中等教育の拡充にあたっては、女子に対する教育の機会は、男子と均等に確保されなければならないが、その教育の内容については、女子の特性に応じた教育的配慮も必要である。そのため、高等学校においては、普通科目についても、女子が将来多くの場合家庭生活において独特の役割をになうことを考え、その特性を生かすような履修の方法を考慮する。また、今後における女子の社会的な役割の重要性にかんがみ、その社会性を高めるための教育指導を行なうとともに、女子の特性に応じた職業分野に相応する専門教育の充実を図る。(83)

わずか数行の文章に、特性という言葉が三回も使われているのが興味深いが、この特性という言葉は、主婦役割と職業との両方において用いられていた。すなわち、この特性という言葉には、男性の社会的労働に対する女性の家庭内役割、男性とは異なる、女性の特性を活かせる職業への従事や短期雇用という女性の労働形態、という意味が込められており、それに応じた高校教育の必要性が主張されているのである。
そしてこの答申には、かの有名な「期待される人間像」が別記されていた。「期待される人間像」といえば、多くの人が「正しい愛国心をもつこと」という文言を思い浮かべるだろうが、四章構成のうちの一章は「家庭人として」という章である。この「家庭人として」の章は、「家庭を愛の場とすること」「家庭をいこいの場とすること」「家庭を教育の場とすること」「開かれた家庭とすること」の四つから成り立っていたが、「家庭をいこいの場とすること」は、次のように述べられていた。

家庭は基本的には愛の場である。愛情の共同体である。今日のあわただしい社会生活のなかにおいて、健全な喜びを与え、清らかないこいの場所となるところは、わけても家庭であろう。大衆社会、大衆文化のうちにおいて、自分自身を取りもどし、いわば人間性を回復できる場所も家庭であろう。そしてそのためには、家庭は清らかないこいの場所とならなければならない。家庭が明るく、清く、かつ楽しいいこいの場所であることによって、われわれの活力は日々新たになり、それによって社会や国家の生産力も高まるであろう。社会も国家も、家庭が健康な楽しいいこいの場所となるように、またすべての人が家庭的な喜びを享受できるように配慮すべきである。(84)

このようないこいの場としての家庭がどのようにして生まれ、誰の手によって維持されていくのか、ここでは述べられていない。しかしそれが主婦の肩にかかっていることは自ずと想像がつくだろう。明るく、清く、楽しい、いこいの場としての家庭において、子どもが「健全」に育ち、明日の労働力が再生産されていく、そしてそれが生産力の向上に役立つ、という構図の中で、女性が果たすべきだと期待されている役割は大きかったといわざるをえない。

高度経済成長期に近代家族、つまり、「女は家事・育児、男は仕事」という性別役割分業、家族成員相互の強い情緒的関係や子ども中心主義などを特徴とする家族が、全国レベルで普及・定着したとよく言われる。産業構造の転換にともなって、雇用者を中心とする社会ができあがり、男性はサラリーマン化、女性は主婦化して、性別分業家族が一般化することになったからである。そしてこのことは、学校教育終了後働き、結婚や出産を契機として専業主婦になるという女性のライフコースの確立も意味していた。このような家族の変容があったればこそ、第四章までで述べてきた、教育のジェンダー化が起きたと、一般的には理解してよいのかもしれない。

しかし本章で論じてきたことは、このような近代家族化、主婦化というような言葉だけでは表現しえない、当時の状況なのではないだろうか。女性に期待されていたことは、経済成長を担う人材を育成し、「良質な」労働力を確保するために、子どもを家庭でいかに「健全に」育てるのかということであり、そのために、家庭で母親が責任をもって保育し、家庭教育を行うことであった。また消費生活の担い手として家庭を経営し、明日への活力を生み出す、団欒に満ちた家庭、いこいの場としての家庭を作り、維持していくことでもあった。しかも子育てが一段落した後は、再就職してパートタイマーとして働く女性の生き方も提示されていた。これこそが、「家庭づくり」の意味するところであり、女性の家庭内役割には、このような意味が込められていたのである。一九五〇年代後半から、特性に応じた教育ということが強調され、ジェンダーによる教育の相違が顕在化していったが、その背後には、このような「家庭づくり」への期待が存在していたといえるだろう。

**注**

(1) 『犯罪白書 昭和60年版』一九八五年、一八六ページ、参照。なお、この数字には交通関係業過も入っている。
(2) 中央青少年問題協議会は、一九五〇年四月に、前年に設置されていた青少年問題協議会より改組されて設置され、一九六六年四月に総理府青少年局／青少年問題審議会へと改組されている。
(3) 中央青少年問題協議会の意見書の具体的な内容については、『青少年問題協議会関係資料』中央青少年問題協議会、一九六四年、一一一—一二五ページ、参照。
(4) 厚生省児童家庭局編『児童福祉三十年の歩み』一九七八年、五五六ページ。
(5) 前掲『青少年問題協議会関係資料』一二六—一二七ページ。
(6) 第三八国会参議院地方行政・法務委員会連合審査会会議録第一号、一九六一年二月七日。
(7) 厚生省児童局編『児童福祉白書』一九六三年→復刻版、日本図書センター、一九八八年、三九ページ。同様の指摘は数多くあるが、たとえば大日本女子社会教育会編『新しい家庭教育のあり方』一九六一年→復刻版、『戦後家庭教育文献叢書』第5巻、クレス出版、一九九六年、一七三—

一九七ページに掲載されている「〈座談会〉不幸な少年期をおくらせないために――家庭教育の根本をさぐる」を参照されたい。

(8) 第四一国会衆議院文教委員会会議録第三号、一九六二年八月二四日。

(9) 第三八国会衆議院予算委員会会議録第一〇号、一九六一年二月一三日。

(10) 中央児童福祉審議会家庭対策特別部会『家庭対策に関する中間報告』一九六三年、七ページ。

(11) 『青少年非行対策に関する意見』中央青少年問題協議会、一九六五年、一四ページ。

(12) 第四六国会参議院予算委員会会議録第六号、一九六四年三月四日。

(13) 「児童家庭局が生れます」『朝日新聞』一九六三年八月九日。なお、同様な指摘は、「〝危険な姿浮きぼり〟」同、一九六三年六月一日、楠本欣史（厚生省児童局企画課）「児童家庭局の誕生とその施策」『家庭科教育』一九六四年五月、にも見られる。

(14) 『日本の１００年』矢野恒太記念会、二〇〇〇年、八〇ページ、参照。

(15) 西村関一（社会党）の発言。第四〇国会衆議院内閣委員会会議録第一九号、一九六二年三月二二日。

(16) 前掲『青少年非行対策に関する意見』一四ページ。

(17) 前掲『児童福祉白書』二ページ。

(18) 前掲『家庭対策に関する中間報告』一三ページ。

(19) 横浜市教育委員会は一九六四年七月に、カギっ子家庭の調査を実施している。その結果が、翌年の『時事通信・内外教育版』に掲載されているが、それによれば、夫婦共働きであるのは、「生活が苦しいから」とは限らず、生活にゆとりのある家庭も多いという。このような家庭に対して、『時事通信・内外教育版』では、次のような否定的な評価を下している。「たとえば教育費をつくるためとか、生活道具をそろえるためとか、家を改築したいからとか、企業の宣伝と消費の示威による欲求の拡大にまけてしまい、豊富ななかの貧困感や焦燥感におちいり、所得の倍増を望んで働きに出ているのは、よほど考えなければならないのではなかろうか」（「〝カギっ子〟家庭の実態」『時事通信・内外教育版』一九六五年四月二七日）。経済的に困難な状況でない限り共働きはすべきではなく、しかも共働きをしてまで生活水準のレベル・アップを望むことは、欲望の肥大化として否定されていたことがわかる。なお、カギっ子の問題は新聞でも論じられていた。たとえば、以下の記事がある。「共かせぎとこども」『朝日新聞』一九六四年四月一六日、「カギっ子対策」同、一九六四年六月一二日（夕刊）。

(20) 前掲『児童福祉三十年の歩み』五六〇ページ。

(21) 同、五五九ページ。

(22) 合計特殊出生率とは、「対象とする年次について女性の年齢別出生率を一五～四九歳にわたって合計してから得られる出生力の指標で、一人の女性がその年齢別出生率にしたがって子どもを生んだ場合に生涯に生む子供の数として解釈されるもの」である。この定義及び本文であげた数字は、国立社会保障・人口問題研究所のホームページ（http://www.ipss.go.jp/）よりとった。

(23) 経済審議会の「国民所得倍増計画」では、次のように述べられていた。「児童については、その人口の減少が見込まれ、さらに45年度以降において労働力が不足し、これが経済発展の阻害要因となることが予想されているので、今後の高度経済成長のためにも、この限られた人口の素質及び能力の向上が前提となる。そのためには、児童の教育、栄養等について十分な配慮を要するが、同時に幼少人口に対する健康管理及び母性保健対策を一層徹底させるべきである」（社会保障研究所編『戦後の社会保障資料』至誠堂、一九六八年、三二一ページ）。

(24) 『帝国議会貴族院議事速記録　七一』東京大学出版会、一九八四年、一〇五ページ。

(25) 前掲『戦後の社会保障資料』六八一ページ。

(26) 第二国会参議院厚生委員会会議録第一三号、一九四八年六月一九日。
(27) 優生手術件数は、一九五〇年代のピーク時には年間四万件を超えている（藤野 1998: 454）。また、優生手術に謝罪を求める会編（2003）も参照のこと。ところで、このような優生思想の存在は、一九七〇年代初頭の優生保護法改定問題の時に、障害者運動に取り組む人々が、「内なる優生思想」の問題を批判するまで（横塚 1981）、社会的にさほど問題にはなっていなかった。たとえば、一九七〇年の『高等学校学習指導要領』には、保健の内容として「結婚と優生」という項目が存在していたが（九五ページ、参照）、一九七〇年版以前の学習指導要領にも、優生問題は教えるべき内容として記載されていた。
(28) 社会保障研究所編『日本社会保障資料Ⅰ』至誠堂、一九八一年、六九二ページ。
(29) 「社会環境の整備浄化」という言葉が何を意味しているかといえば、「健全な遊び場の不足と不良文化財のはんらん」の是正であり、「不良文化財」とは主に「いかがわしい書物や映画」を指していた。詳しくは、前掲『日本社会保障資料Ⅰ』六九三―六九四ページ、を参照されたい。
(30) 前掲『日本社会保障資料Ⅰ』六九三―六九四ページ。
(31) 中央児童福祉審議会『児童の健全育成と能力開発によってその資質の向上をはかる積極的対策に関する意見書』一九六二年、一ページ。
(32) 同、二ページ。
(33) 前掲『家庭対策に関する中間報告』三ページ。
(34) 同、一八ページ。
(35) 同、四ページ。
(36) 同、一三―一四ページ。
(37) 「児童対策中心に話合う」『朝日新聞』一九六三年五月二七日（夕刊）、「人つくり策諮問」同、一九六三年八月一四日（夕刊）、参照。なお、八月の懇談会では、「『家庭づくり』をするには高校教育での家庭科の充実が必要だ」という意見が出たという。

(38) 社説「『家庭づくり』と『人つくり』」『朝日新聞』一九六三年八月一二日、社説「家庭づくりをどう進めるか」『毎日新聞』同、参照。また、松田と黒木の論争については、松田道雄「〝家庭づくり〟の問題点」『毎日新聞』一九六三年九月五日（夕刊）、黒木利克「〝家庭づくり〟問題に一言」同、一九六三年九月一九日（夕刊）、松田「サービスよりも設備を」同、一九六三年一〇月三日（夕刊）、黒木「すべて子供のために」同、一九六三年一〇月三〇日（夕刊）、松田「いつかはおなじところへ」同、一九六三年一一月四日（夕刊）、を参照のこと。

(39) 一九六三年に中央児童福祉審議会から出された『家庭対策に関する中間報告』では、次のような提言がなされていた。「健全家庭があつての健全児童という立場から、一般家庭対策を推進するために中央機関たる児童局をたとえば児童家庭局とし、地方機関もこれに対応せしめるなど、行政機構の改変につき検討する」（二三一二四ページ）。

(40) 第四六国会参議院内閣委員会会議録第三八号、一九六四年六月九日。なお、ここで発言している黒木利克は、厚生省にあって児童福祉行政を担当し、積極的に「人つくり」、「家庭づくり」政策を推進していった。その詳細については、黒木（1964）を参照されたい。

(41) 灘尾弘吉「家庭科教師に望む」『家庭科教育』一九六四年一月。

(42) 小学校の家庭科は発足以来、今日まで男女がともに学ぶという学習スタイルをとっているが、一九四九年の教育課程審議会では小学校家庭科の廃止問題が起こり、一九五〇年になると第七国会衆議院予算委員会で、家庭科存廃問題が議論されている。それというのも、男子が家庭科を学ぶことに対する父母の理解度の低さや、男女共学での授業がうまく進められないという問題点があったためである。そういう意味では、小学校の家庭科教育も決して安定していたわけではなかった。

(43) 『学習指導要領 家庭科編(試案)』一九四七年、一ページ。

(44) 『学習指導要領 家庭科編 高等学校用』一九四九年、二ページ。なお、家庭科担当の文部事務官であった重松伊八郎は、「大部分の女子は家庭科を選ぶものと考えている。というのは、大部分の女子にとって、家庭の実務の教育が最も緊要であろうからである」(『新らしい導き方 家庭科概説』三省堂、一九四八年、一二〇ページ)と述べていた。また彼は、「男子がこれを選ぶことも自由である(実際にはほとんどあるまいと思うが)」(「家庭科の発足にあたって」『家庭科教育』一九四七年六月)とも語っている。

(45) 『中学校学習指導要領 職業・家庭科編(試案)』一九五一年、参照。

(46) 『中学校学習指導要領 職業・家庭科編』一九五六年、参照。なお、一九五一年から五六年の学習指導要領の改訂に至る間に、中央産業教育審議会は「中学校職業・家庭科教育の改善について」(一九五三年三月九日)、「中学校職業・家庭科教育の教育内容について」(一九五四年一〇月一九日)という二つの建議を文相に提出している。前者においては次のように述べられていた。「各学校は、男子向、女子向の『職業・家庭科』の課程を別々におくのではなく、男女共通に学習すべき領域を設定、その基礎の上に、或いはそれと平行して、男子の職業或いは女子の家庭の学習の領域を設定すべきである」(『資料日本現代教育史2』三省堂、一九七四年、七五ページ)。

(47) 「高等学校教育課程改善について」『中等教育資料』一九五三年一〇月。

(48) 前掲「高等学校教育課程改善について」、参照。またこの中間報告をめぐっては、以下の通り、議論が行われている。海後宗臣「高等学校教育課程改善第二次中間報告についての意見」『中等教育資料』一九五四年一月、小松直行「『高等学校教育課程改善について』第二次中間報告に対する私見」同、石三次郎「海後小松両氏の『高等学校教育課程改善について第二次中間報告に対する意見』を読む」同、「高等学校教育課程改善第二次中間報告に対する反響」同、一九五四年五月。

(49)「家庭科ニュース」『家庭科教育』一九五三年八月、大和マサノ「高校家庭科必修論」同、一九五四年三月、「女子高校生の家庭科―必修と選択どちらがよいか」『朝日新聞』一九五三年八月一八日(夕刊)、参照。また、全国高等学校長協会家庭科部会では、家庭科の女子必修について文部省に陳情を行っている。詳しくは「教育課程審議会第二次中間報告と家庭科」『産業教育』一九五四年八月、を参照されたいが、この文章には次のような表現も見られる。「職業労働が男女で分担されるなら、家事労働も男女で分担すべきは当然であるというのは機械的平等であり、男女の特性を無視した皮相な考え方であろう。真の民主主義は老幼男女おのおのその分を守ることから生れるとするならば、女子は子を生み育てる本分があり、家庭生活の重要な部面が女子に与えられており、一般論として女子の方が家事労働に適していると考えられる」。「本分」という言葉で、女性の家庭内役割が正当化され、家庭科の必修が意図されていることがわかる。

(50) 文部省初等中等教育局小学校課『教育課程審議会答申一覧』一九九九年、一二ページ。

(51) 同、一五ページ。

(52) 中学校の技術・家庭科や高校の家庭科を男女がともに学ぶということが決定されたのは、一九八九年の『中学校学習指導要領』と『高等学校学習指導要領』においてであり、それが実施されたのは、中学校が一九九三年、高校が一九九四年からである。

(53) 教育事情研究会編『中央教育審議会答申総覧(増補版)』ぎょうせい、一九九二年、五七ページ。

(54) 前掲『教育課程審議会答申一覧』七五ページ、参照。

(55) 同、六八ページ。

(56) この答申の前年の一九五七年、日本教育学会教育政策特別委員会科学技術教育小委員会は「科学技術教育についての意見書(その一)」を出しているが、そこでは職業・家庭科について、「一国の科学技術の水準を引き上げるには、とくに、女子にたいしても、男子と同じ水準の生産技術教育を与えなければならない」（『日本教育学会の教育改革意見書・要望書等資料集』一九七二年→復刻版、『戦後教育改革構想第I期』第九巻、日本図書センター、二〇〇〇年、一六三ページ）と、述べられていた。まるで家庭科の存在を忘れているかのようであるが、男子並みの技術教育を女子に求める考え方もあったことがわかる。

(57)　植村千枝「技術・家庭科の成立期を回顧し今後の『技術教育』を考える」『技術教育』一九七四年七月、における細谷俊夫の発言を参照のこと。また全国家庭科教育協会は、一九五八年三月六日、家庭科の名称の存続を訴える請願を国会へ提出している。詳しくは、『全国家庭科教育協会40周年記念誌』一九九〇年、一〇四ページ、参照。

(58)『中学校学習指導要領』一九五八年、一八七ページ。

(59)　文部省『産業教育八十年史』一九六六年、五六八ページ。

(60)　前掲『教育課程審議会答申一覧』九六ページ。

(61)『中央児童福祉審議会中間報告並びに意見具申』一九七八年、五―七ページ、参照。

(62)　同、五ページ。

(63)　同、六ページ。

(64)　同、五ページ。

(65)　同、七ページ。

(66)　同、六ページ。

(67)　同、二二ページ。

(68)　同、二三ページ。

(69)「『母親は家にいるべきか』をめぐって」『朝日新聞』一九六二年八月二七日（夕刊）、参照。なお、最初の記事は、同年七月二九日（夕刊）に掲載されている。また同年八月二日（夕刊）の「〝母親は家にいるべきか〃をめぐって」も参照されたい。

（70）家庭教育資料とは、「成人教育の場で家庭教育に関する学習を展開する場合に、社会教育関係の指導者に参考資料を提供することを趣旨として作成されたもの」（『家庭教育資料第一集　こどもの成長と家庭』一九六四年→復刻版、『戦後家庭教育文献叢書』第6巻、クレス出版、一九九六年、二ページ）である。一九六四（昭和三九）年から六五（昭和四〇）年にかけて、『こどもの成長と家庭』『こどもと家庭の人々』『こどもの人格形成と現代の家庭』が出版されているが、これらの三冊の本には、以下の一〇編の論文が収められている。牛島義友「家庭と教育」、沢田慶輔「子どもの成長の力と性格形成の基礎」、井坂行男「よい習慣の形成」／二関隆美「近代家族の意義」、坂元彦太郎「家庭学習」、勝部真長「学校の道徳教育はどのように行われているか」／永杉喜輔「家庭の人々」、平井信義「家庭のだんらん」、小沼洋夫「家の仕事とこども」、森田宗一「社会の影響と親の態度」。これらの論文は、草稿を社会教育局や全国家庭教育研究集会などで検討したうえでできあがっており、単なる個人の著作物ではなかった。

（71）文部省の家庭教育振興策に関しては、文部省社会教育局社会教育官であった藤原英夫の「家庭教育の振興とその方策」（『文部時報』一九六四年七月）や、社会教育局「婦人教育の振興充実」（同、一九六一年四月）、斎藤正（文部省社会教育局長）「家庭教育に関する社会教育行政上の課題」（『社会教育』一九六四年四月）などを参照されたい。なお藤原によれば、「親権者の子を教育する権利は、私権ではあるがきわめて基本的なものであり」、「個々の親権者の私権を侵害するようになることは避けねばならぬ」が、「文部省の家庭教育奨励の方策は……両親その他家庭教育の関係者が、親権者の子を教育する権利や義務を想起しながら家庭におけるこどもの教育について自由に学習し研究するのを助ける」ものであるという。現代においても、文部科学省によって家庭教育の振興が積極的に主張されているが、そこには親権者の私権の尊重という視点はみられないのではないだろうか。

(72) 前掲『家庭教育資料第一集　こどもの成長と家庭』七―八ページ。
(73) 前掲『産業教育八十年史』五七二ページ。
(74) 同、五七四ページ。
(75) 同、五七三ページ。
(76) 文部省『高等学校学習指導要領解説　総則編』光風出版、一九六二年、一二ページ。
(77) 前掲『産業教育八十年史』五七四―五七五ページ。
(78) 同、五七五ページ。
(79) 同、五七六ページ。
(80) 同、五七六ページ。
(81) 『経済発展における人的能力開発の課題と対策』一九六三年、一三一ページ。
(82) 同、一三二―一三三ページ。
(83) 前掲『中央教育審議会答申総覧（増補版）』一四二―一四三ページ。
(84) 同、一五四ページ。なお、いこいの場としての家庭の重要性を指摘する発言は、国会においてもなされていた。以下に引用するのは、家庭生活審議会（一九六五年九月に、佐藤栄作首相の下におかれた私的な諮問機関）の設置をめぐる議論の中で、臼井荘一総理府総務長官が行った発言である。「社会へ出て活動する上におきましても家庭がやはりいこいの場である。家庭で《（ママ）》いこいの場として、そして翌日からのまた社会において活動をするそのエネルギーの源泉というような場所でもあるわけで、むずかしくいえば国民再生産のためのいこいの場、こういうこともいえるわけであります。そういうような点で最近家庭問題というものを特にまた重要視せざるを得ないということと考えおるわけであります」（第四八国会参議院内閣委員会会議録第一四号、一九六五年五月一九日）。そして家庭生活審議会は、一九六八年に『あすの家庭生活のために』という答申を発表している。

# おわりに

ずっと長い旅をしてきたような気がする。新聞の縮刷版や雑誌のページをめくりながら、あるいは国会会議録をパソコンの画面で見つめながら、当時の人々が残した言葉から何をすくいあげ、それらをどう関連づけて理解していったらいいのか、思いを巡らし続けてきた。

歴史研究の面白さは、やはり何といっても、膨大な史料を読みながら、その中からほのかに立ち上がってくる歴史的現実をつかまえる瞬間にあるように思う。その歴史的現実とは、当時を生きた人々のものの考え方であったり、生き方であったりするのだが、現代のわたしたちとは異なる時空を生きていた人々の思いや時代の空気というものが垣間見える瞬間が、わたしは好きだ。その快感に身をゆだねながら、つい数十年前の人々が教育とジェンダーの問題をどのように考えていたのか、そしてそれはどう変化していったのか、言葉の断片を拾い集め、繋ぎつつ、そのありようを浮かび上がらせようとしたのが、本書である。

とはいっても、わたしがそれをうまくつかまえることができたかどうかは、はなはだ心許ない。しかし今回、わたしが見えたと思ったことをこのような形でまとめることができてほっとしている。

さらにいえば、教育上の男女平等が常に女性の「問題」として論じられ続け、女性が「平等」と「差異」のはざまで翻弄され続けてきたこと、また「平等」ということの内実が歴史的文脈によって意味づけを変えていくということが伝えられたとしたら、それは嬉しい限りである。そして、教育における男女平等という問題に対して、女子教育はいかにあるべきかという認識枠組みからまずは脱することの必要性や、あらかじめ措定した男女平等な教育のあり方を判断軸として状況を見ないことの重要性に気づいていただければ、本書をまとめた意味があったということだろう。

ところで、わたしはもともと戦後教育史を専門に研究してきた人間ではない。したがってこれまでのわたしの研究をご存じの方は、このような本を出版したわたしの蛮勇にあきれられているかもしれない。しかしたとえあきれられていようと、やはりやりたかった研究なのだと、今、改めて思う。わたしは本書を執筆しながら、高校時代に抱いていた漠然とした当惑を何度も思い起こしていたが、それこそが、本書を執筆するにいたった根源的な動機であるといえる。

わたしの出身高校は、旧制中学を前身とする共学の県立高校であったが、進学校ということもあり、男女比がかなりアンバランスな、男子高校といってもよいような学校だった。一般的には、ここに通う女子生徒は「女らしさに欠けている」とか、「男のようだ」とか思われていたが、わたしにとっては実に楽しい高校生活だった。それは恐らく、わたしが「女らしい」と言われることが好きではなく、男に伍してやっていくことが面白かったからではないかと思うが、問題は、女であるわたしが男のようだと言われることを肯定的に受けとめるということはどういうことなのか、ということである。男性が女のようだと言われると、それはかなり否定的な印象を与えるだろうが、女性が男のようだと言われると、その意味するところはそう単純ではなく、微妙である。それはなぜなのか。当時は漠としたとまどいでしかなかったが、大学も男子大学といえるようなところに進んだわたしは、このような複雑な思いをずっと抱えていた。

もちろん、この心のひっかかりは、すぐさま研究の対象として言語化されることはなく、長い間、胸の奥にしまい込まれていた。だが、一九九五年から二〇〇〇年までの五年間、わたしが以前に勤めていた立命館大学で、戦後教育に関する共同研究に参加する機会を得たことで、このひっかかりが頭をもたげ、先行研究を読んだり、史料を集めたりして、少しずつ研究としてのまとまりをもつようになっていった。ただ、わたしなりにいろいろと努力したが、正直なところ、研究のカンがなかなか働かないというか、どこにどういう史料があり、何からはじめたらいいのかよくわからないままに、右往左往していたように思う。したがって、見るべき史料を見ていないのではないか、わかりきったことを随分と遠回りしながら論じているのではないかという思いが、今でも脳裡から離れないでいる。本書を読んでくださった方々から、忌憚のないご意見やご叱正をいただけることを心から願う次第である。

本書の第一章から第三章までのほとんどは、大幅に手を入れて書き直したものと、ほぼ原形を保っているものとがあるが、左記の論文がもとになっている。

「男女共学論の地平」『教育学年報7』世織書房、一九九九年（第一章の一と二）
「男女共学制」『戦後公教育の成立』世織書房、二〇〇五年（第一章の三）
「一九五〇〜一九六〇年代における男女共学問題」『教育学年報10』世織書房、二〇〇四年（第二章）
「短期大学の女子教育機関化」『女性と高等教育』昭和堂、二〇〇八年（第三章の二―四）

「男女共学論の地平」は、片桐芳雄さんから執筆のお誘いを受けたものであり、「男女共学制」は先に述べた共同研究の研究成果として発表したものである。この共同研究に誘ってくださったのは菅井凰展さんであるが、このようなきっかけがなかったならば、そもそも戦後教育史に関する研究をはじめることもなかったかもしれない。また「一九五〇〜一九六〇年代における男女共学問題」は、『教育学年報』の編集委員会から声をかけていただき、「短期大学の女子教育機関化」は、香川せつ子さんによって、比較教育社会史研究会での報告の機会が与えられ、論文として発表することができた。

第三章の一と第四章、第五章は書き下ろしたものであるが、これらの内容は日本女性学研究会の近代女性史分科会で報告し、参加者のみなさんから貴重なコメントをいただいた。また研究会のメンバーである荻野美穂さんには、ご自身が集められた女子学生亡国論に関する数多くの史料も見せていただいた。これはとてもありがたかった。また第五章の内容は、落合恵美子さんを研究代表者とする科学研究費の研究会でも報告する機会が与えられた。このような多くの方々に支えられながら本書が生まれたことに、本当に感謝するとともに、心からのお礼を申し上げたいと思う。

本書のもとになる論文をはじめて発表したのは一九九九年のことであるから、すでに一〇年の歳月が流れたことになる。遅々とした歩みであったが、この執筆作業で一番お世話になったのは、勁草書房の町田民世子さんと藤尾やしおさんである。本来ならば、町田さんが退職されるまでに出版するはずであったのに、遅れに遅れてしまい、大変ご迷惑をおかけした。今回、やっと出版にまでこぎつけたが、これがこれまでにいただいたご厚誼に少し報いることになるのであれば、望外の幸せである。また藤尾さんには心配のかけ通しだったが、原稿の最初の読者として感想や意見を言っていただいたことが執筆の励みとなった。どうもありがとうございました。

二〇〇九年四月

小山　静子

# 人名索引

## さ行



## た行



## な行

## は行



## ま行



## や行

## わ行

# 事項索引

## あ行



## か行

## さ行



## た行

## な行



## は行



## ま行



## や行



## ら行



## アルファベット

# 参考文献


相庭和彦 2001「戦後日本社会の『高度ジェンダー化』と社会教育政策——一九六〇年代における家庭教育学級を中心として」日本社会教育学会編『ジェンダーと社会教育』（日本の社会教育45）東洋館出版社→2007『現代生涯学習と社会教育史——戦後教育を読み解く視座』明石書店

浅倉むつ子 1976「労働力政策と婦人労働」福島正夫編『家族　政策と法2　現代日本の家族政策』東京大学出版会

天野郁夫 1986『高等教育の日本的構造』玉川大学出版部

天野正子 1979「大衆化過程における女子高等教育の構造と機能」『金城学院大学論集　社会科学編』22

———— 1986「戦後期・大衆化と女子高等教育——性別役割『配分』の流動化過程」天野正子編『女子高等教育の座標』垣内出版

———— 1988「『性と教育』研究の現代的課題——かくされた『領域』の持続」『社会学評論』39-3

———— 2003「トライアングル（家族—学校—企業）の成立とゆらぎ」大門正克・安田常雄・天野正子編『戦後経験を生きる』吉川弘文館

———— 2007「育児書——『親と社会』を映す鏡」天野正子・石谷二郎・木村涼子『モノと子どもの戦後史』吉川弘文館

鮎川　潤 2001『非行少年』平凡社新書

荒川章二 1990「日本型大衆社会の成立と文化の変容」歴史学研究会編『日本同時代史4　高度成長の時代』青木書店

飯吉弘子 2008『戦後日本産業界の大学教育要求——経済団体の教育言説と現代の教養論』東信堂

池谷壽夫 2000『〈教育〉からの離脱』青木書店

———— 2001「純潔教育に見る家族のセクシュアリティとジェン

ダー ――純潔教育家族像から60年代家族像へ」『教育学研究』68-3
――― 2004「戦後における男女共学問題と女子大学の再検討」平成13-15年度文部省科学研究費基盤研究(C)(1)成果報告『男女共同参画社会における高校・大学男女共学進行過程のジェンダー分析』
石井留奈 2000「戦後日本の女子高等教育改革における女性リーダーの役割――星野あいを中心として」桜美林大学『国際学レヴュー』12
伊藤友子 2007「草創期における公立短期大学の設立――事例研究を中心に」日本女子大学教育学会『人間研究』43
稲垣恭子 2002「不良・良妻賢母・女学生文化」稲垣恭子・竹内洋編『不良・ヒーロー・左傾』人文書院
――― 2007『女学校と女学生』中公新書
乾　彰夫 1990『日本の教育と企業社会―― 一元的能力主義と現代の教育・社会構造』大月書店
上村千賀子 2007『女性解放をめぐる占領政策』勁草書房
氏原陽子 1996「中学校における男女平等と性差別の錯綜」『教育社会学研究』58
大島　宏 2004「女子に対する旧制高等学校の門戸開放――敗戦後における制度化の過程を中心として」『日本の教育史学』47
大森真紀 1990『現代日本の女性労働』日本評論社
荻野美穂 1992「女子高等教育と特性論」『女子高等教育の諸問題』奈良女子大学
――― 2001「『家族計画』への道――敗戦日本の再建と受胎調節」『思想』925
――― 2003「反転した国家――家族計画運動の展開と帰結」『思想』955
――― 2008『「家族計画」への道』岩波書店
小沢牧子 1989「乳幼児政策と母子関係心理学――つくられる母性意識の点検を軸に」『臨床心理学研究』26-3
落合恵美子 1994『21世紀家族へ』有斐閣

お茶の水女子大学 1984『お茶の水女子大学百年史』
海後宗臣・寺崎昌男 1969『戦後日本の教育改革9　大学教育』東京大学出版会
学習院大学 2001『学習院大学50年史』下
加納実紀代 1992「自分史のなかの『女子学生亡国論』」『銃後史ノート戦後篇6　高度成長の時代』インパクト出版会→2005『戦後史とジェンダー』インパクト出版会
亀田温子 1986「女子短期大学――教育とセクシズム」天野正子編『女子高等教育の座標』垣内出版
賀谷恵美子 1998「男女共学の内実と男女平等教育」日本女性学会『女性学』6
木全力夫 1988「家庭教育と社会教育行政」日本社会教育学会編『現代家族と社会教育』（日本の社会教育32）東洋館出版社
木村涼子 1999『ジェンダーと学校教育』勁草書房
木本喜美子 1995『家族・ジェンダー・企業社会――ジェンダー・アプローチの模索』ミネルヴァ書房
―――― 2004a「現代日本の女性」後藤道夫編『日本の時代史28　帰路に立つ日本』吉川弘文館
―――― 2004b「企業社会の形成とジェンダー秩序――日本の1960年代」『歴史学研究』794
久野佐都美 1994「トレイナー文書にみるジュニア・カレッジ成立の経緯」『愛知大学史紀要』1
久保義三 1984『対日占領政策と戦後教育改革』三省堂
熊本大学 1980『熊本大学三十年史』
蔵原三雪 2000「短期大学の発足をめぐる諸問題」『武蔵丘短期大学紀要』8
―――― 2001「短期大学の発足をめぐる諸問題(2)――公立短期大学の発足を中心に」『武蔵丘短期大学紀要』9
黒木利克 1964『日本の児童福祉』良書普及会
桑原真木子 2005「戦後日本における優生学の展開と教育の関係――終戦から1950年代の教育言説にみられる『その人の存在を脅かす能力主義』」『教育社会学研究』76

国立教育研究所編 1974『日本近代教育百年史第六巻　学校教育 4』教育研究振興会
後藤豊治 1975「『中教審』『中産審』にみられる家庭科教育の思想と政策」『年報・家庭科教育研究』3
小山静子 1991『良妻賢母という規範』勁草書房
——— 1998「高等学校における男女共学の実現とその課題」『立命館教育科学プロジェクト研究シリーズ』X
——— 1999「男女共学論の地平」『教育学年報 7　ジェンダーと教育』世織書房
——— 2004a「一九五〇～六〇年代における男女共学問題」『教育学年報10　教育学の最前線』世織書房
——— 2004b「少産社会の子ども観——『作るもの』『育てるもの』としての子ども」『教育学研究』71-4
——— 2005「男女共学制」小山静子他編『戦後公教育の成立——京都における中等教育』世織書房
——— 2008「短期大学の女子教育機関化」香川せつ子・河村貞枝編『女性と高等教育——機会拡張と社会的相克』昭和堂
酒井はるみ 1995『教科書が書いた家族と女性の戦後50年』労働教育センター
桜井智恵子 2002「1960年代家庭教育ブームの生成——『家庭の教育』読者の声を中心に」『子ども社会研究』8→2005『市民社会の家庭教育』信山社
佐々木享 1987「高校の学科家庭科に関する覚書」『名古屋大学教育学部紀要（教育学科）』34
——— 1991「高校における男女共学の現状と家庭科」『名古屋大学教育学部紀要（教育学科）』38
———編 1996『日本の教育課題8　普通教育と職業教育』東京法令出版
——— ・横山悦生 1994「解説　家庭科教育の現代史と雑誌『家庭科教育』」『雑誌『家庭科教育』解説・総目次・索引』大空社
澤登俊雄 1999『少年法』中公新書

汐見稔幸 1994「企業社会と教育」坂野潤治他『日本現代史4　戦後改革と現代社会の形成』岩波書店
四方利明 2005「『問題行動』への対処からみた戦後教育」小山静子他編『戦後公教育の成立——京都における中等教育』世織書房
篠田　弘 1982「短期大学制度の恒久化」小川利夫・江藤恭二編『現代学制改革の展望』福村出版
渋谷知美 2005「1950～60年代における『不純異性交遊』概念の成立と運用——性非行言説のジェンダー視点による分析」東海ジェンダー研究所『ジェンダー研究』8
下夷美幸 1994「家族政策の歴史的展開——育児に対する政策対応の変遷」社会保障研究所編『現代家族と社会保障』東京大学出版会
鈴木英一 1970『戦後日本の教育改革3　教育行政』東京大学出版会
関千枝子 2000『若葉出づる頃——新制高校の誕生』西田書店
関野豊三 1973「戦後日本の女子大学の成立——ホームズ女史の助言指導を中心として」『芦屋大学創立十周年記念論文集』
全国家庭科教育協会 1990『全国家庭科教育協会40周年記念誌』
田結庄順子 1975「経済審議会、家庭生活問題審議会、国民生活審議会等にみられる家庭科教育の思想と政策」『年報・家庭科教育研究』3
高木葉子 1974「高等学校『家庭一般』必修化の過程と問題点」『年報・家庭科教育研究』2
高橋純子・羽田貴史 1993「『能力主義』教育論とその展開をめぐる諸問題——1963年経済審議会答申の論理」『福島大学教育実践研究紀要』23
田代美江子 2003「敗戦後日本における『純潔教育』の展開と変遷」橋本紀子・逸見勝亮編『ジェンダーと教育の歴史』川島書店
舘かおる・亀口まか 2001「戦後日本の学校教育とジェンダー——学校と性別カテゴリー」三宅義子編『叢書現代の経済・社会とジェンダー第3巻　日本社会とジェンダー』明石書店

田間泰子 2006『「近代家族」とボディ・ポリティクス』世界思想社
土持ゲーリー法一 1991『米国教育使節団の研究』玉川大学出版部
――― 2006『戦後日本の高等教育改革政策』玉川大学出版部
土屋尚子 2005「女子特性教育の展開」小山静子他編『戦後公教育の成立――京都における中等教育』世織書房
土屋由香 1994「アメリカの対日占領政策における女子高等教育改革――二人のアメリカ人『女子教育顧問』に焦点を当てて」『地域文化研究』(広島大学総合科学部紀要Ⅰ) 20
――― 1998「再教育とジェンダー――アメリカの対日占領政策における女子教育改革計画の起源」『地域文化研究』(広島大学総合科学部紀要Ⅰ) 24
鶴田敦子 1998「『男女共学』から『男女平等教育(ジェンダー・イクイティの教育)』」『教育学研究』65-4
利谷信義 1975「戦後の家族政策と家族法」福島正夫編『家族　政策と法1　総論』東京大学出版会
中川順子 1982「戦後における家族政策の展開」布施晶子・玉水俊哲編『現代の家族――新しい家族の創造をめざして』青木書店
中西祐子 1998『ジェンダー・トラック――青年期女性の進路形成と教育組織の社会学』東洋館出版社
―――・堀健志 1997「『ジェンダーと教育』研究の動向と課題――教育社会学・ジェンダー・フェミニズム」『教育社会学研究』61
中屋紀子 1980「'51年文部省学習指導要領期における『職業・家庭科』の男女共通の教育内容についての検討」『北海道教育大学紀要(第1部C)』30-2
西村由美子 1982「戦後婦人教育政策の成立――婦人教育課設置の意義をめぐって」日本社会教育学会編『婦人問題と社会教育』(日本の社会教育26) 東洋館出版社
日本私立短期大学協会 2000『日本私立短期大学協会50年史』
日本家庭科教育学会編 2000『家庭科教育50年――新たなる軌跡に向けて』建帛社

萩原久美子 2008『「育児休職」協約の成立』勁草書房
橋本紀子 1992『男女共学制の史的研究』大月書店
橋本宏子 2006『戦後保育所づくり運動史』ひとなる書房
肥田野直・稲垣忠彦編 1969『戦後日本の教育改革7　教育課程各論』東京大学出版会
広瀬裕子 1982「戦後学制改革期における男女共学化に関する一考察」『教育学研究』49-3
広田照幸 1999『日本人のしつけは衰退したか――『教育する家族』のゆくえ』講談社現代新書
藤井治枝 1995『日本型企業社会と女性労働』ミネルヴァ書房
藤田英典 2001「戦後日本における青少年問題・教育問題」『教育学年報8　子ども問題』世織書房
――― 2003『家族とジェンダー』世織書房
藤野　豊 1998『日本ファシズムと優生思想』かもがわ出版
藤本萬治 1966「戦後における女子高等教育の発展（わが国における女子大学創設事情）」『東京立正女子短期大学論叢』1
朴木佳緒留 1984「戦後初期の家庭科教育における主婦養成教育――高等学校職業課程『家庭課程』の成立」『年報・家庭科教育研究』12
――― 1985「戦後初期家庭科論の問題構造――職業科から職業・家庭科までを対象として」『神戸大学教育学部研究集録』74
――― 1987a「アメリカ側資料より見た家庭科の成立過程(1)――家事科、裁縫科の統合の決定」『日本家庭科教育学会誌』30-3
――― 1987b「同(2)――家政教科課程改正委員会の成立」同、30-3
――― 1988a「同(3)――中学校家庭科の職業科への組み込み」同、31-1
――― 1988b「戦後初期家庭科における男女の教育の機会均等――CIE 文書による家庭科成立過程研究を通して」『年報・家庭科教育研究』15
――― 1988c「新制高等学校の家庭科の成立について――CIE 文

書を通して」『神戸大学教育学部研究集録』81
――― 2000「ジェンダーと家庭科の深い関係――家庭科の歴史的理解」斎藤弘子他『ジェンダー・エクィティを拓く家庭科』かもがわ出版
――― 2003「女子特性論教育からジェンダー・エクィティ教育へ」橋本紀子・逸見勝亮編『ジェンダーと教育の歴史』川島書店
―――・鈴木敏子編1990『資料からみる戦後家庭科のあゆみ』学術図書
堀内真由美 1996「『男女共学』の中の女子差別を議論するために」日本女性学研究会『女性学年報』17
本田由紀 2000「『教育ママ』の存立事情」藤崎宏子編『親と子：交錯するライフコース』ミネルヴァ書房
松井真知子 1997『短大はどこへ行く』勁草書房
松原洋子 1997「〈文化国家〉の優生法――優生保護法と国民優生法の断層」『現代思想』25-4
――― 1998「中絶規制緩和と優生政策強化――優生保護法再考」『思想』886
――― 2000「日本――戦後の優生保護法という名の断種法」米本昌平他『優生学と人間社会』講談社現代新書
水原克敏 2005「男女共学の歴史的経緯と今日的課題」生田久美子編『ジェンダーと教育』東北大学出版会
三井須美子 1979「職業・家庭科の成立過程と女子『特性』論」『都留文科大学研究紀要』15
――― 1980「戦後における女子『特性』論の定着過程研究――産業教育振興法の成立と家庭科教育」『教育学研究』47-1
宮武実知子 2003「『受験地獄』の黙示録――朝日新聞『声』欄に見る教育『十五年戦争』」佐藤卓己編『戦後世論のメディア社会学』柏書房
森　繁男 1992「『ジェンダーと教育』研究の推移と現況――『女性』から『ジェンダー』へ」『教育社会学研究』50
山岸宏政 1990「戦後わが国の短期大学の成立事情――商短30年史

によせて」『新潟大学商学論集』22
山口寛子 1972「戦後の家庭科教育」大学家庭科教育研究会編『現代家庭科研究序説』明治図書
山田　昇 1999『いま女子教育を問う　日本近代女子高等教育史考』大空社
山田昌弘 1994『近代家族のゆくえ——家族と愛情のパラドックス』新曜社
山本礼子 1993「女子教育」明星大学戦後教育史研究センター編『戦後教育改革通史』明星大学出版部
優生手術に謝罪を求める会編 2003『優生保護法が犯した罪』現代書館
湯川次義 2003『近代日本の女性と大学教育——教育機会開放をめぐる歴史』不二出版
———— 2005「戦後の旧学制下における女性への大学の門戸開放政策と開放の実態——1946年度の場合を中心として」『早稲田教育評論』19-1
———— 2006「戦後教育改革期における女性の大学教育制度の確立に関する一研究——1946年3月から1947年3月まで」『早稲田教育評論』20-1
横塚晃一 1981『母よ！殺すな　増補版』すずさわ書房→2007、生活書院
横山悦生 1989「女子専用教科から男女に開かれた教科へ——中学校の教育課程における家庭科の位置をめぐる研究ノート」『岐阜大学教育学部研究報告　人文科学』37
横山浩司 1986『子育ての社会史』勁草書房
横山文野 1996『家庭科教育政策の変遷——教育課程における女性観の視角から』東京大学都市行政研究会研究叢書15
———— 2002『戦後日本の女性政策』勁草書房
立教大学 1974『立教学院百年史』

**史・資料**

青木一ほか編 1988『現代教育学事典』労働旬報社
有倉遼吉・天城勲 1958『教育基本法（Ⅱ）』日本評論新社
伊ヶ崎暁生・吉原公一郎編 1975『戦後教育の原典1　新教育指針』現代史出版会
大照完 1948『新制高等学校の制度と教育』旺文社
家庭生活審議会 1968『あすの家庭生活のために』
兼子　仁 1963『教育法』有斐閣
――― 1978『教育法（新版）』有斐閣
教育事情研究会編 1992『中央教育審議会答申総覧（増補版）』ぎょうせい
経済審議会 1963『経済発展における人的能力開発の課題と対策』
厚生省児童家庭局 1978『児童福祉三十年の歩み』日本児童問題調査会
厚生省児童局 1963『児童福祉白書』（復刻版、1988、日本図書センター）
京都府教育研究所編 1956『京都府教育史』京都府教育研究所
佐々木享編 1996『日本の教育課題8　普通教育と職業教育』東京法令出版
重松伊八郎 1948『新らしい導き方　家庭科概説』三省堂
社会保障研究所編 1968『戦後の社会保障資料』至誠堂
―――編 1981『日本社会保障資料Ⅰ』至誠堂
鈴木英一編 1977『教育基本法文献選集1　教育基本法の制定』学陽書房
―――編 1978『教育基本法文献選集別巻　資料教育基本法30年』学陽書房
関口隆克・辻田力・西村巖・安達健二編 1968『教育基本法の成立事情（二）』北海道大学教育学部教育制度研究室
総理府統計局 1983『人口の就業状態と産業構成』日本統計協会
大日本女子社会教育会編 1961『新しい家庭教育のあり方』（復刻版、1996、『戦後家庭教育文献叢書』第5巻、クレス出版）
中央児童福祉審議会 1962『児童の健全育成と能力開発によつてそ

の資質向上をはかる積極的対策に関する意見書』
──── 1978『中央児童福祉審議会中間報告並びに意見具申』日本保育協会
中央児童福祉審議会家庭対策特別部会 1963『家庭対策に関する中間報告』
中央青少年問題協議会 1964『青少年問題協議会関係資料』
──── 1965『青少年非行対策に関する意見』
寺崎昌男責任編集 2000『戦後教育改革構想　第Ⅰ期』第7、9巻、日本図書センター
日本教職員組合教文部 1956『男女共学問題についての資料』
日本近代教育史料研究会編 1995〜1998『教育刷新委員会・教育刷新審議会会議録』第1、2、3、4、6、11巻、岩波書店
平原春好編 1978『教育基本法文献選集4　義務教育・男女共学』学陽書房
法務総合研究所編 1985『犯罪白書　昭和60年版』
星野あい 1960『小伝』中央公論社（復刻版、1990、大空社）
宮原誠一ほか編 1974『資料日本現代教育史』1、2、三省堂
文部省 1947『学習指導要領　一般編（試案）』（復刻版、1980、『文部省学習指導要領1　一般編』日本図書センター）
──── 1947『学習指導要領　家庭科編（試案）』（復刻版、1980、『文部省学習指導要領15　家庭科、職業・家庭科編』日本図書センター）
──── 1949『学習指導要領　家庭科編　高等学校用』（同上）
──── 1950『公立中学校・高等学校男女共学実施状況調査』
──── 1951『中学校学習指導要領　職業・家庭科編（試案）』（同上）
──── 1955『高等学校学習指導要領　一般編』（前掲『文部省学習指導要領1　一般編』）
──── 1956『中学校学習指導要領　職業・家庭科編』（前掲『文部省学習指導要領15　家庭科、職業・家庭科編』）
──── 1956『高等学校学習指導要領　家庭科編』（同上）
──── 1958『中学校学習指導要領』

———— 1960『高等学校学習指導要領』
———— 1962『高等学校学習指導要領解説　総則編』光風出版
———— 1964『わが国の高等教育』
———— 1966『産業教育八十年史』
———— 1970『高等学校学習指導要領』
———— 1989『中学校学習指導要領』
———— 1989『高等学校学習指導要領』
文部省社会教育局編 1964『家庭教育資料第一集　こどもの成長と家庭』（復刻版、1996、『戦後家庭教育文献叢書』第6巻、クレス出版）
文部省初等中等教育局小学校課 1999『教育課程審議会答申一覧』
文部省調査局審議課編 1949『教育刷新委員会要覧』
文部省調査局統計課 1966『日本の教育統計（昭和23－40年）』
『アメリカ教育使節団報告書』村井実訳、講談社学術文庫、1979
『京都府会会議録』
『近代日本教育制度史料』第23巻、講談社、1979
『帝国議会貴族院委員会速記録昭和篇　126』東京大学出版会、2000
『帝国議会貴族院議事速記録　71』東京大学出版会、1984
『帝国議会衆議院委員会議録昭和篇　162』東京大学出版会、2000
『帝国議会衆議院委員会議録昭和篇　171』東京大学出版会、2000
『帝国議会衆議院議事速記録　83』東京大学出版会、1985
『日本の100年』矢野恒太記念会、2000

## 逐次刊行物

文部省による刊行

『学校基本調査報告書』／『公立高等学校入学者選抜実施状況に関する調査報告書』／『産業教育』／『社会教育』／『中等教育資料』／『文部時報』／『文部省年報』

月刊誌

『家庭科教育』／『技術教育』／『教育』／『教育技術』／『教育展望』（京都府教育委員会）／『教育の時代』／『新潮』／『世界』／『短期大学教育』／『時』／『日本私立短期大学協会会報』／『婦人公論』／『文藝春秋』／『マドモアゼル』／『早稲田公論』

週刊誌

『朝日ジャーナル』／『サンデー毎日』／『週刊朝日』／『週刊現代』／『週刊サンケイ』／『週刊女性自身』／『週刊新潮』／『週刊読売』／『平凡パンチ』

新聞

『朝日新聞』／『鴨沂新聞』（京都府立鴨沂高等学校）／『京一中新聞』（京都府立京都第一中学校）／『京都新聞』／『時事通信・内外教育版』／『毎日新聞』／『洛陽新聞』（京都市立洛陽高等学校）

## Web

http://kokkai.ndl.go.jp/（国会会議録検索システム）

http://winet.nwec.jp/toukei/save/xls/L113060.xls（性別大学進学率の推移）

http://www.ipss.go.jp（国立社会保障・人口問題研究所）

**著者略歴**
1953年　熊本市生まれ
1982年　京都大学大学院教育学研究科博士課程修了
現　在　京都大学大学院人間・環境学研究科教授
著　書　『良妻賢母という規範』（勁草書房、1991年）
『家庭の生成と女性の国民化』（勁草書房、1999年）
『子どもたちの近代——学校教育と家庭教育』（吉川弘文館、2002年）
『戦後公教育の成立——京都における中等教育』（共編著、世織書房、2005）
『「育つ・学ぶ」の社会史——「自叙伝」から』（共編著、藤原書店、2008）

戦後教育のジェンダー秩序

2009年5月25日　第1版第1刷発行

著　者　小《こ》山《やま》静《しず》子《こ》

発行者　井　村　寿　人

発行所　株式会社　勁《けい》草《そう》書　房

112-0005 東京都文京区水道2-1-1　振替　00150-2-175253
（編集）電話 03-3815-5277／FAX 03-3814-6968
（営業）電話 03-3814-6861／FAX 03-3814-6854
本文組版 プログレス・堀内印刷・青木製本



ISBN978-4-326-65341-6　Printed in Japan